Constantin Daniil

OXAlert: Um portal web moderno para o mercado imobiliário em Oxfordshire

Constantin Daniil

OXAlert: Um portal web moderno para o mercado imobiliário em Oxfordshire

ScienciaScripts

Imprint

Any brand names and product names mentioned in this book are subject to trademark, brand or patent protection and are trademarks or registered trademarks of their respective holders. The use of brand names, product names, common names, trade names, product descriptions etc. even without a particular marking in this work is in no way to be construed to mean that such names may be regarded as unrestricted in respect of trademark and brand protection legislation and could thus be used by anyone.

Cover image: www.ingimage.com

This book is a translation from the original published under ISBN 978-3-330-32942-3.

Publisher:
Sciencia Scripts
is a trademark of
Dodo Books Indian Ocean Ltd. and OmniScriptum S.R.L publishing group

120 High Road, East Finchley, London, N2 9ED, United Kingdom
Str. Armeneasca 28/1, office 1, Chisinau MD-2012, Republic of Moldova, Europe
Printed at: see last page
ISBN: 978-620-7-93216-0

"A pátria é onde começamos".

Thomas Stearns Eliot

Resumo

Atualmente, o conselho habitual dado aos criadores de software é que se tornem verticais. Pode significar a diferença entre o sucesso e o fracasso", afirmou o famoso diretor e consultor de TI Olin Thompson. Atualmente, os mercados verticais fornecem alguns dos bens e serviços mais básicos de que necessitam milhares de milhões de pessoas em todo o mundo.

Devido às suas muitas vantagens, facilidade de utilização e popularidade em rápido crescimento, a Internet tornou-se a principal fonte para muitos empresários promoverem e venderem os seus produtos ou serviços. No entanto, apesar da abundância de ofertas em linha e da grande quantidade de informação disponível, os utilizadores não têm uma visão clara da situação exacta dos mercados verticais.

A culpa é de portais Web ineficientes com interfaces complicadas e confusas que oferecem informações de forma não uniforme, confundindo os clientes e desrespeitando os princípios de um mercado livre: acesso fácil a informações correctas.

O OXAlert foi concebido para remediar esta situação. Fornece um quadro geral para a realização das múltiplas operações de tratamento dos mercados verticais: extração de dados, limpeza da informação, interação homem-computador e notificação dos utilizadores. A fim de determinar uma abordagem óptima, o projeto propõe igualmente uma análise aprofundada das vantagens e inconvenientes das técnicas existentes para a realização das operações acima referidas.

Além disso, o OXAlert tem uma arquitetura multi-camadas escalável e adaptável que separa claramente os elementos dependentes e independentes do conteúdo e pode ser facilmente adaptado para processar dados de qualquer sector de mercado vertical. A sua conceção inclui muitas características inovadoras, como a extração automática baseada em invólucros através de scripts OXPath e um método único de deteção de elementos duplicados.

Uma vez que é necessário um domínio de aplicação específico para explorar ao máximo as suas capacidades, a OXAlert voltou-se para um dos maiores e mais importantes domínios: o mercado imobiliário. Este domínio, que trata de uma das necessidades fundamentais do homem (a necessidade de habitação) e tem um conteúdo variado e dinâmico, é perfeitamente adequado para demonstrar a eficácia e a novidade da abordagem da OXAlert. É por isso que o projeto inclui também novos algoritmos dependentes do conteúdo, especialmente adaptados ao tratamento da informação imobiliária.

Devido à enorme dimensão do mercado imobiliário, a área geográfica abrangida pelo projeto deve ter uma dimensão razoável; no nosso caso, o condado de Oxfordshire.

Resumo do conteúdo

Capítulo 1	4
Capítulo 2	13
Capítulo 3	25
Capítulo 4	35
Capítulo 5	43
Capítulo 6	55
Capítulo 7	65
Capítulo 8	73
Capítulo 9	75

Capítulo 1
Introdução

1.1 Especificação do domínio - Análise dos mercados verticais

Atualmente, o conselho habitual dado aos criadores de software é que se tornem verticais. Pode significar a diferença entre o sucesso e o fracasso", afirmou o famoso diretor e consultor de TI Olin Thompson. Esta afirmação reflecte a importância e o potencial dos mercados verticais, que representam um grupo de empresas e clientes semelhantes que negoceiam com base em necessidades específicas e especializadas; um facto interessante é que os participantes num mercado vertical estão frequentemente limitados a um subconjunto de um sector mais vasto, um nicho de mercado. A forma ideal de tirar partido destes mercados e de os tornar acessíveis ao maior número possível de pessoas é através das tecnologias da informação, um facto também reconhecido pelo famoso físico e astrónomo A. Umar, que afirmou que as infinitas possibilidades de aplicação de software no comércio eletrónico, e nas áreas dos mercados verticais em particular, têm um potencial tão fascinante e ilimitado como a própria astronomia.

Uma aplicação concebida para estes mercados pode oferecer muitas vantagens e beneficiar um grande número de pessoas, tendo em conta aspectos técnicos, sociais e económicos:

- **A variedade ilimitada de áreas em que o algoritmo pode ser aplicado** - os mercados verticais incluem quase todos os sectores sociais e económicos da sociedade moderna: automóvel, banca, educação, energia, petróleo e gás, bens de consumo, finanças, administração pública, cuidados de saúde, seguros, indústria transformadora, meios de comunicação social, imobiliário, retalho, tecnologia, telecomunicações, transportes, viagens ;

- **a diversidade e a amplitude da base de utilizadores** - as pessoas em todo o mundo têm muitas necessidades comuns, a maior parte das quais são cobertas por mercados verticais específicos; ao desenvolver uma aplicação que satisfaça estes mercados, um vasto público beneficiará da sua utilização;

- **a dinâmica dos mercados verticais** - como o próprio C. Siegel confirmou, "os nichos crescem a partir dos nichos". O próprio Siegel; cada sector de mercado vertical expande-se com o tempo, o volume de consumidores aumenta e surgem novos subsectores, razão pela qual o grupo-alvo da OXAlert continuará a crescer;

- **Evolução constante do domínio** - devido à natureza dinâmica dos mercados verticais, o seu conteúdo cresce e evolui regularmente; a única forma razoável de acompanhar esta evolução é dispor de software escalável e adaptável que possa ser facilmente atualizado;

- **Uniformidade da estrutura empresarial em todos os sectores dos mercados verticais** - a maioria dos mercados verticais lida com problemas iguais ou semelhantes e, por conseguinte, permite a criação de um quadro geral de operações comuns para dar resposta a estes requisitos;

- **a diversidade de operações necessárias** - para analisar com êxito um mercado vertical, o OXAlert tem de incluir numerosas operações, desde a extração de dados e a limpeza da informação até à eliminação de duplicados e à notificação dos utilizadores;

- **A natureza competitiva dos mercados verticais** - os mercados verticais são altamente competitivos e o desenvolvimento de uma aplicação que possa determinar corretamente os detalhes exactos de todas as ofertas disponíveis pode criar condições equitativas em que os clientes e as empresas podem prosperar;

- **as vantagens que uma boa interface pode oferecer** - um dos problemas constantes com que as pessoas se deparam é o de encontrar rapidamente aquilo que procuram, e é precisamente isso que um programa eficaz com uma interface de fácil utilização pode fazer; Marcus Aurelius já dizia "A verdade está na simplicidade", e nenhum outro domínio pode oferecer tanta simplicidade como o domínio das TI.

- **Arquitetura sofisticada** - As aplicações que lidam com mercados verticais devem ter uma conceção eficiente e uma arquitetura escalável que permita a interação de vários componentes diferentes e a realização de uma multiplicidade de tarefas complicadas;

- **o impacto financeiro destes mercados** - uma simples comparação entre a situação dos mercados verticais em 1994 e 2005 mostra a importância e o potencial deste sector: - em 1994, as soluções de hardware e software para o mercado em linha foram avaliadas em 5 mil milhões de dólares e em 2005 em 16 mil milhões de dólares;
  - Em 1994, não havia normas e tudo estava fragmentado, enquanto em 2005 tudo estava definido, desde os direitos dos sistemas operativos aos protocolos em linha;
  - Em 1994, as áreas de aplicação das TI para os mercados verticais incluíam apenas vendas e administração básicas; em 2005, foram alargadas a todos os aspectos de uma empresa.

Além disso, o desenvolvimento sem precedentes do mercado dos telemóveis significa que mais de mil milhões de pessoas têm agora acesso à Internet. Podemos, portanto, dizer que o mercado vertical se tornou um "negócio global", disponível 24 horas por dia, em todo o mundo. O que poderia ser mais tentador para um engenheiro de software do que poder desenvolver aplicações que beneficiem um público global e participar no progresso económico e social cada vez maior proporcionado pelo desenvolvimento dos mercados verticais?

1.2 A situação dos portais para mercados verticais - Abordagens actuais versus utilizadores
necessidades

Os mercados verticais estão entre as oportunidades de negócio mais lucrativas do mundo. É por isso que foram criadas muitas aplicações em linha para dar às pessoas acesso às suas muitas ofertas. Uma vez que uma grande parte da população mundial necessita dos bens ou serviços oferecidos nestes mercados, há diferentes requisitos que têm de ser cumpridos.

Necessidades dos utilizadores - Embora as preferências e os interesses possam variar consoante o tipo de mercado vertical considerado ou a zona geográfica, é possível identificar alguns desejos comuns. Numerosos inquéritos sociológicos mostram que, seja qual for o tipo de aplicação, as pessoas preferem um programa com uma interface de fácil utilização que lhes permita aceder rapidamente a todos os dados, indicar preferências avançadas para os bens ou serviços que desejam e fornecer resultados ordenados e pertinentes. Além disso, os utilizadores sentem-se incomodados pela falta de homogeneidade na estrutura das ofertas, pela necessidade de introduzir sempre os critérios de pesquisa pretendidos e pela presença de ofertas duplicadas em vários sítios. Estas necessidades parecem naturais se analisarmos a natureza dos diferentes mercados verticais e os produtos que contêm.

Abordagens actuais - Paradoxalmente, as aplicações existentes para estes mercados não oferecem aos utilizadores soluções que satisfaçam todos os requisitos acima mencionados. Isto deve-se, em parte, à forma como são concebidas (a sua arquitetura) e ao número limitado de tarefas a que se destinam (no capítulo 2 é apresentada uma análise mais pormenorizada deste problema).

Para que a informação certa seja apresentada da forma certa ao utilizador final, deve ser primeiro identificada corretamente e depois estruturada de forma adequada. Isto envolve várias etapas, incluindo a extração de informação, a limpeza dos dados e a interpretação dos resultados, e requer uma interface de utilizador eficaz com funções de pesquisa rigorosas. No entanto, as aplicações modernas para mercados verticais centram-se numa única tarefa específica (existem programas especializados que apenas exploram dados ou limpam informações e muitos portais Web apenas oferecem dados pré-estruturados limitados) e, por conseguinte, não satisfazem as necessidades dos utilizadores. Além disso, nem sempre fornecem informações actualizadas e têm dificuldade em permitir que os utilizadores indiquem as suas preferências exactas em termos dos produtos ou serviços que pretendem adquirir. Embora algumas aplicações tentem funcionar como agregadores de informação em determinados domínios, cada uma funciona de forma independente e não existe um quadro comum de adaptação entre os diferentes domínios. Além disso, muito poucas aplicações permitem aos utilizadores criar um perfil permanente ou receber notificações relevantes sobre novos produtos que possam ser do seu interesse.

Importância da resolução do problema - O desenvolvimento de um quadro aplicável a sítios Web modernos, que automatize todas as tarefas necessárias (ou seja, extração rápida e constante de informações, limpeza adequada das informações, eliminação rigorosa de dados duplicados e normalização dos formatos) e que proporcione um portal Web moderno com um perfil de utilizador permanente e um sistema de notificação adequado, permitirá o desenvolvimento de novas aplicações para mercados verticais que satisfaçam eficazmente todas as necessidades dos utilizadores. Um programa que seja escalável e adaptável a cada sector beneficiará não só os clientes, mas também os milhões de comerciantes e empresários que oferecem bens e serviços (estes benefícios são analisados no capítulo 2).

Dado que os portais Web modernos incluem vários elementos interactivos e conteúdos programados, o projeto incluirá uma análise das actuais técnicas de extração de dados e de limpeza da informação, a fim de determinar as melhores abordagens. Além disso, a arquitetura apresentará uma clara separação de funções e permitirá que cada um dos seus componentes seja reutilizado por futuras aplicações.

São muitas as inovações técnicas que o OXAlert pode proporcionar. Do ponto de vista de um engenheiro de software, a superação dos muitos desafios computacionais (analisados na secção 1.4) e a criação de um modelo de aplicação orientado para o utilizador representam oportunidades de elevado potencial. Além disso, este projeto combina várias áreas da informática, como a recuperação de informação, o processamento de cadeias de caracteres, a engenharia de requisitos, a interação humana com computadores e a conceção de sítios Web/bases de dados.

1.3 A nossa abordagem - Criar um quadro evolutivo

Tendo identificado a lacuna entre as necessidades dos utilizadores e a funcionalidade oferecida pelos portais Web actuais, desenvolvemos o OXAlert, uma estrutura escalável para lidar com mercados verticais que pode ser facilmente adaptada a cada domínio. Embora já tenham sido feitas tentativas semelhantes para resolver este problema, o nosso projeto adopta uma abordagem inovadora e coerente, criando uma cadeia de operações desde a extração até à separação de conteúdos e combinando as vantagens das tecnologias actuais.

As principais operações que um sistema deste tipo deve efetuar podem ser classificadas nas categorias seguintes:

- ***Extração de dados***: as informações sobre os diferentes artigos oferecidos nos mercados verticais podem ser consultadas em

   O OXAlert precisa de recolher e combinar dados de muitas fontes relevantes para ter uma base de dados adequada;

- ***Limpeza da informação***: Ao extrair informações, há um grande número de problemas a resolver, incluindo dados incorrectos ou incompletos, informações adicionais ou desnecessárias e entradas duplas;

- ***Uniformidade dos dados***: produtos semelhantes podem ter descrições muito diferentes, o que dificulta a sua comparação pelo utilizador; o OXAlert tem uma forma de normalizar a estrutura em que os pormenores são apresentados para artigos semelhantes e oferece um conjunto claro de resultados facilmente comparáveis;

* **_Interface de utilizador eficiente_**: uma vez que o nosso projeto visa apresentar ofertas de mercados verticais, é necessário dispor de uma interface de fácil utilização com uma vasta gama de opções de personalização, a fim de definir as preferências exactas de um indivíduo relativamente ao bem ou serviço desejado;

* **_Sistema de notificação adequado_**: embora a maior parte das aplicações semelhantes apenas ofereça um formulário Web que permite procurar os vários itens disponíveis, os programas eficazes têm um sistema de notificação que informa os utilizadores de novas ofertas que podem ser do seu interesse;

Abordagem geral - A nossa abordagem consiste em conceber uma estrutura que implementa todas as operações acima referidas e separa claramente os componentes dependentes do conteúdo (que dependem do tipo de artigos no mercado vertical específico que está a ser analisado) dos componentes independentes do conteúdo, proporcionando assim uma estrutura facilmente escalável que pode ser modificada para aceitar dados de qualquer mercado vertical. Embora as suas principais operações sejam de aplicação geral, foi selecionado um domínio específico (imobiliário) após uma análise aprofundada das vantagens que muitos mercados verticais apresentam, tendo o algoritmo sido adaptado aos dados deste mercado específico. Propõe também abordagens inovadoras para o tratamento de dados específicos de conteúdos, tais como um novo sistema para extrair dados relacionados de fontes relevantes e técnicas eficazes de deteção de duplicados para o tipo específico de item no mercado vertical selecionado. O capítulo 2 explica por que razão o mercado imobiliário foi escolhido como domínio inicial.

Estudo das necessidades dos utilizadores - Uma vez selecionado um domínio, foi realizado um inquérito social para determinar as necessidades específicas dos utilizadores abrangidos pelas aplicações desenvolvidas para este mercado. Com base nos resultados deste inquérito, foram definidas as subtilezas dos componentes relacionados com o conteúdo do OXAlert e foi criada uma interface apropriada com funcionalidades adequadas.

Descrição geral do projeto - O OXAlert foi concebido para integrar algumas das técnicas mais recentes e eficazes de processamento de dados e interação com o utilizador. Em primeiro lugar, o programa extrai informações relevantes de vários sítios Web relevantes (utilizando wrappers concebidos em OXPath) e armazena-as numa base de dados permanente (sob a forma de ficheiros XML). Estes dados são depois submetidos a um processo de limpeza, durante o qual são eliminados os dados incompletos e errados, as informações redundantes e os valores duplicados; a estrutura dos elementos é depois normalizada e os dados são comprimidos de forma básica (os dados modificados são armazenados sob a forma de ficheiros pseudo XML). A informação resultante é então analisada e as entradas válidas são inseridas numa base de dados (MySQL) que comunica com um servidor Web. Por fim, através de uma interface Web, os utilizadores podem criar um perfil permanente em linha, definir numerosas preferências para o imóvel que pretendem comprar e, em seguida, ser notificados (por correio eletrónico) quando aparecem ofertas adequadas no mercado.

Para isso, o programa tem uma arquitetura multi-camadas que utiliza o paradigma modelo-visão-controlador e permite a interação de diferentes componentes (cada um criado com uma linguagem e técnicas de programação diferentes), separando claramente os papéis que cada um deve desempenhar. Os detalhes mais precisos sobre os vários aspectos do projeto são apresentados em capítulos posteriores do trabalho.

1.4 Desafios

Devido aos seus princípios de conceção, e tendo em conta o objetivo a que se destina e o vasto público a que se destina, é necessário ter em conta muitos aspectos, tanto sócio-humanos como técnicos, ao mesmo tempo que se resolvem problemas dependentes e independentes do conteúdo. Tal como os próprios mercados verticais, que são considerados áreas de "nicho", o OXAlert pode ser visto como um projeto de "nicho" que combina elementos da informática com elementos da sociologia e da engenharia de requisitos ("The business of life encompasses a multitude of interests" - James F. Cooper).

Os problemas sócio-humanos a serem superados são

- *a escolha de um mercado vertical adequado:* embora muitos domínios do mercado vertical sejam de grande interesse para um grande número de pessoas, o OXAlert não pode abranger apenas um domínio; deve oferecer uma diversidade suficiente e apelar a um público suficientemente vasto, sendo simultaneamente estruturado de forma a permitir uma extração e um tratamento eficazes dos dados;

- *identificação das necessidades precisas dos utilizadores:* o OXAlert exige uma análise aprofundada das preferências específicas dos utilizadores no domínio escolhido (imobiliário); é necessário consultar os portais Web existentes e realizar e analisar um inquérito específico para identificar os problemas específicos dos utilizadores face às aplicações verticais existentes no mercado

- *Definição de uma estrutura de dados adequada*: a apresentação eficaz, fácil de ler e comparável da informação é uma das prioridades do projeto, pelo que é necessário encontrar uma forma de normalizar as diferentes estruturas de dados apresentadas em diferentes sítios Web e apresentá-las da melhor forma possível;

- *a conceção de uma interface convivial*: enquanto janela para o mundo, o OXAlert deve ter uma interface adequada e fácil de utilizar, que ofereça todas as funções necessárias;

Os problemas técnicos a ultrapassar podem ser divididos em duas categorias: os que dependem do conteúdo e os que não dependem.

Os problemas técnicos independentes do conteúdo que têm de ser ultrapassados são os seguintes:

- *criação do quadro geral: uma vez que* a OXAlert pretende criar um modelo que possa ser aplicado a qualquer mercado vertical, é necessário identificar os elementos comuns para poder escrever o código adequado, quer este dependa ou não do conteúdo;

- ***a conceção da arquitetura do projeto:*** o projeto requer uma arquitetura escalável e adaptável, com muitos componentes concebidos de formas diferentes e utilizando várias linguagens de programação; o objetivo e o tipo de entrada/saída de cada componente devem ser claramente identificados e a conceção global deve prever uma separação clara entre partes dependentes/independentes do conteúdo

- ***a criação de estruturas de dados abstractas***: dado que o tipo de dados e as fontes de entrada podem variar (ficheiros XML, entradas de bases de dados, etc.), o programa deve utilizar estruturas de dados abstractas eficazes, capazes de gerir todos os tipos de informação e de realizar numerosas operações, independentemente do seu conteúdo;

- ***Extração eficiente de dados***: determinar as ferramentas ideais para a extração de dados é uma necessidade; basta explorar determinado conteúdo textual entre as muitas fontes em linha e, além disso, os dados devem ser extraídos regularmente, a fim de acompanhar a evolução constante da oferta de bens e serviços;

- ***o algoritmo de limpeza de dados***: embora algumas partes deste algoritmo dependam do conteúdo, a sua estrutura básica e as suas etapas gerais devem ser independentes do conteúdo, razão pela qual é necessário comparar as ferramentas e os algoritmos actuais de limpeza de dados para determinar a solução mais eficaz;

- ***a conceção do sistema de notificação para o utilizador final***: os principais elementos de interesse para o utilizador final são os objectos propostos pelo programa (no nosso caso, as ofertas imobiliárias); o OXAlert deve não só permitir indicar diferentes critérios, mas também informar eficazmente os utilizadores do aparecimento de novos objectos adequados;

Os problemas técnicos (imobiliários) ligados ao conteúdo que têm de ser ultrapassados são os seguintes:

- ***Seleção de fontes de dados adequadas: existem*** muitos sítios Web onde se podem encontrar ofertas de imóveis; como o projeto depende de dados sobre imóveis já disponíveis na Internet, é necessário identificar uma área geográfica adequada, gerida por um número suficiente de agências;

- ***a criação de uma estrutura de dados adequada***: embora seja utilizada uma estrutura de dados geral, o seu conteúdo informativo deve ser adaptado às características específicas dos artigos no mercado vertical escolhido (no nosso caso, ofertas imobiliárias);

- *o algoritmo de deteção de duplicados:* talvez o problema mais complexo (e também uma das maiores inovações da OXAlert) seja a criação de um método eficaz de deteção de duplicados nas listagens de imóveis; os sítios Web apresentam o seu conteúdo de formas diferentes, pelo que é necessário tentar identificar a semelhança entre dois imóveis de forma eficaz para oferecer resultados satisfatórios;

1.5 As minhas contribuições

Há muitos desafios no desenvolvimento do OXAlert e, como "não há duas soluções iguais", haverá um certo grau de inovação, qualquer que seja a abordagem adoptada. O projeto oferece uma série de contribuições únicas, tais como

- *Um quadro coerente para mercados verticais*: ao identificar os elementos comuns aos sítios Web em sectores de mercados verticais e ao tratá-los independentemente do conteúdo, o projeto cria um quadro que pode ser facilmente adaptado às necessidades específicas dos utilizadores;

- *Adaptabilidade a cada domínio*: A arquitetura do OXAlert divide claramente o código dependente e independente do conteúdo em pacotes e utiliza uma cadeia de operações (desde a extração de dados até à separação do conteúdo), o que confere ao projeto um elevado grau de adaptabilidade aos dados de entrada de cada domínio.

- *Inquérito aos utilizadores do sector imobiliário*: no âmbito da investigação para o projeto, foi realizado um inquérito aos utilizadores e foram analisadas as abordagens actuais dos sítios Web do sector imobiliário; o projeto centra-se nas necessidades identificadas;

- *Inovações na extração de dados*: o projeto está a testar a eficácia de várias técnicas de extração actuais em sítios Web de mercados verticais e a fornecer actualizações a um software de extração específico, nomeadamente o OXPath (as razões para escolher esta solução são apresentadas no Capítulo 3);

- *Um novo algoritmo de limpeza de dados desenvolvido para artigos de mercados verticais*: O projeto está a testar a eficácia de diferentes soluções de limpeza da informação e a desenvolver um novo algoritmo (cuja lógica é apresentada no Capítulo 3) que executa esta tarefa de uma forma inovadora (especificamente para artigos oferecidos em portais de mercados verticais);

- *Um algoritmo eficaz para detetar ofertas duplicadas de imóveis*: OXAlert apresenta um método único para detetar ofertas duplicadas de imóveis, que utiliza diferentes métricas e compara vários pormenores;

- *um sistema de notificação adequado*: a forma como o OXAlert notifica o utilizador da presença de objectos (propriedades) que satisfazem os seus critérios responde a muitas das queixas actuais sobre os sistemas de mensagens existentes;

1.6 Estrutura da tese

Este trabalho está dividido em 9 capítulos, estruturados da seguinte forma:

Chapter 1 apresenta as razões da escolha do tema, uma panorâmica da abordagem adoptada, as questões envolvidas e os contributos dados, bem como um resumo do trabalho.

Chapter 2 apresenta as razões da escolha do sector imobiliário como domínio de aplicação específico, uma panorâmica dos sistemas concorrentes e das suas abordagens, bem como uma análise das necessidades dos utilizadores.

Chapter 3 apresenta uma análise das actuais técnicas de extração e limpeza de dados, bem como as razões que levaram à escolha do OXPath e ao desenvolvimento de um algoritmo original de limpeza de informação.

Chapter 4 apresenta a arquitetura do projeto e dá uma visão geral da funcionalidade dos componentes de interação com o utilizador e de notificação.

Chapter 5 contém informações pormenorizadas sobre a forma exacta de extrair os dados e as várias fases do algoritmo de limpeza de dados.

Chapter 6 contém informações pormenorizadas sobre a estrutura e os componentes do sítio Web e do sistema de mensagens OXAlert.

Chapter 7 apresenta uma avaliação da eficácia dos vários componentes e mostra como o OXAlert contribui para o desenvolvimento do OXPath.

Chapter 8 mostra como o algoritmo OXAlert (incluindo componentes dependentes do conteúdo) pode ser adaptado para processar dados para um mercado vertical específico.

Chapter 9 são apresentadas uma conclusão geral e possíveis melhorias para o projeto OXAlert.

O projeto pode ser acedido em linha em 163.1.88.69:3000 na rede Oxford.

Capítulo 2
Extração de dados da Web para mercados verticais

2.1 Imobiliário: o local ideal para o nosso projeto

"Meu Deus, dá-me um inferno desde que tenha ligação à Internet" é o aforismo do famoso escritor V. Butulescu, que ilustra a ligação forte e inseparável entre a sociedade moderna e a Internet. Hoje em dia, milhões de pessoas utilizam diferentes sítios Web para aceder aos bens e serviços oferecidos pelos mercados verticais, mas, de acordo com vários inquéritos, mais de 60% delas estão insatisfeitas com a conceção e a funcionalidade desses sítios.

Dado que a OXAlert está a desenvolver um quadro para mercados verticais, coloca-se naturalmente a questão do seu âmbito específico, uma vez que um programa necessita de um objetivo concreto para provar o seu valor. A escolha do mercado imobiliário resultou de uma mistura de considerações sociais, económicas e técnicas, mas também dos recentes acontecimentos financeiros, das tendências da globalização e do desejo de abordar um problema universal e intemporal com que as pessoas sempre se confrontaram: encontrar uma casa, um lugar para viver. Este mercado vertical específico representa uma necessidade fundamental que todos têm e que ainda não foi devidamente explorada.

As principais razões sócio-humanas para a escolha deste mercado vertical são as seguintes:

- *uma base de utilizadores diversificada*: os sítios Web do sector imobiliário são visitados diariamente por milhões de pessoas de todas as regiões do mundo e de todas as classes sociais; além disso, existe uma dinâmica única em termos de conteúdo informativo, o que torna este domínio ainda mais interessante do ponto de vista técnico;

- *Encontrar um sítio para viver é uma necessidade humana fundamental*: A procura de abrigo pode ser vista como uma das forças motrizes do progresso humano, uma vez que todas as grandes civilizações nasceram de simples povoações, que eram, de facto, conjuntos de casas; o psicólogo Abraham Maslow criou a abordagem sócio-humanista mais conhecida, descrevendo o papel da casa para o homem moderno no seu ensaio "The Farther Reaches of Human Nature" ; Embora alguns elementos da pirâmide (Figura 1) tenham mudado desde que foi revelada pela primeira vez em 1954, a necessidade de uma casa (que proporciona abrigo, um local para dormir e segurança) esteve sempre no topo da pirâmide, uma caraterística que distingue o sector imobiliário da maioria dos outros mercados verticais;

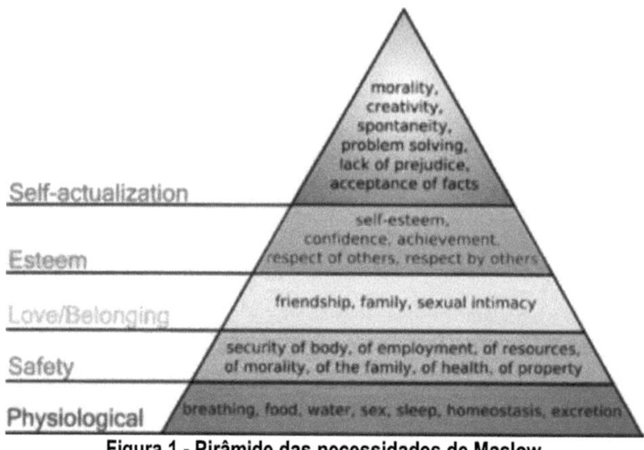

Figura 1 - Pirâmide das necessidades de Maslow
(**de** http://czgz.wordpress.com/2010/04/07/maslows-hierarchy-of-needs/)

- *o interesse permanente por este sector*: **seja qual for o** período que estamos a considerar, **o sector** imobiliário sempre foi **de** grande interesse para a humanidade; a importância deste mercado vertical foi sublinhada por filósofos como Friedrich Wilhelm Nietzsche, que disse na sua famosa obra "*Assim falou Zaratustra*": "O que é uma casa? Na realidade, é um grande espírito que foi construído para mostrar os símbolos do seu criador" ou Le Corbusier, que disse na sua obra "Urbanismo": "Uma casa é uma máquina para se viver"; isto sublinha a ideia de que o sector imobiliário representa uma segunda natureza para cada ser humano; é também demonstrado por Martin Heidegger na sua obra "Essais et conférences", na qual afirma: "O homem vive no poeta", o que indica o papel de uma casa como um lugar de memória e harmonia;

- *a importância global do mercado imobiliário:* há muitas razões financeiras e económicas para criar uma aplicação que forneça informações sobre o mercado imobiliário; uma das principais causas da recente crise financeira foi a má avaliação dos preços dos imóveis, um fenómeno causado pela desinformação; a OXAlert fornece aos utilizadores uma visão clara do que está disponível no mercado imobiliário, permitindo-lhes fazer um investimento adequado;

As principais razões técnicas para a escolha deste mercado vertical são as seguintes:

- *o desejo de criar uma interface eficaz*: em geral, os utilizadores dos sítios Web imobiliários têm origens muito diversas, pelo que a maior parte deles tem apenas conhecimentos básicos de informática; preferem, portanto, um sistema simples e eficaz de interação entre o homem e o computador; uma das principais exigências do OXAlert é identificar os elementos-chave necessários para uma interface adequada ao utilizador final e torná-la o mais acessível e convivial possível;

- *as diferentes abordagens existentes:* existem muitos tipos diferentes de sítios Web sobre imóveis, desde empresas locais e regionais a agregadores gigantes que recolhem dados para grandes regiões; as muitas técnicas utilizadas para criar e gerir estes portais Web têm muitas vantagens e desvantagens, sendo necessário identificar os elementos óptimos de cada abordagem (a fim de os implementar no nosso próprio projeto);

- **as diferentes formas de apresentação dos conteúdos**: o mercado imobiliário tem um grande número de sítios Web que vendem ou alugam uma multiplicidade de casas, apartamentos, estúdios, até garagens ou terrenos agrícolas; estas ofertas são apresentadas de muitas formas diferentes, pelo que a tentativa de homogeneizar e sintetizar de alguma forma a informação de todas estas diferentes apresentações demonstra a eficácia e a adaptabilidade do quadro OXAlert;

- **a dificuldade de comparar ofertas semelhantes**: os diferentes formatos em que os dados imobiliários estão disponíveis colocam um problema técnico, nomeadamente a identificação correcta de ofertas duplicadas; o desenvolvimento de um algoritmo original para detetar duplicados requer uma extração adequada dos dados e diferentes métricas de comparação, mas constituirá uma inovação no domínio das TI;

Para criar um programa eficaz, foi necessário analisar os desejos dos utilizadores em relação aos portais imobiliários na Web, pelo que foi realizado um inquérito para recolher as informações relevantes. O conteúdo e os resultados do inquérito podem ser consultados no anexo, enquanto a análise das necessidades dos utilizadores é apresentada no capítulo seguinte.

Em conclusão, o sector imobiliário é uma excelente primeira aplicação para o projeto OXAlert, porque, como disse o famoso poeta Thomas Stearns Eliot "Home is where one starts from", este mercado vertical parece ser o ponto de partida ideal para a nossa aplicação.

2.2 Necessidades dos utilizadores

Os resultados do inquérito aos utilizadores, apresentados em anexo, dão-nos uma imagem clara das expectativas das pessoas quando acedem a sítios Web imobiliários. Apesar de as respostas não serem unânimes, é possível identificar um padrão entre os resultados dados pela grande maioria dos inquiridos. A análise das respostas dadas pela maioria dos utilizadores permite-nos identificar as necessidades mais recorrentes/expressas:

- **a possibilidade de especificar claramente o tipo de imóvel desejado**: uma necessidade básica unanimemente expressa foi a possibilidade de introduzir todos os dados desejados que um imóvel adequado deve ter; devem estar disponíveis vários critérios de filtragem, incluindo o preço, o endereço, o código postal e o tipo de imóvel; isto parece evidente, uma vez que um programa que não permita ao utilizador indicar claramente o tipo de imóvel que pretende (imóvel ou qualquer outro tipo de imóvel) não pode ser considerado eficaz ;

- **uma interface de utilizador eficaz que permita um acesso rápido à informação relevante**

necessária: uma queixa comum foi a estrutura ineficaz de alguns sítios Web, que contêm animações, pop-ups e outros elementos que distraem o utilizador do conteúdo imobiliário realmente relevante; além disso, os inquiridos indicaram que preferiam um acesso rápido e preciso à informação em vez de uma multiplicidade de outras características;

- ***uma estrutura comum para todos os resultados imobiliários apresentados***: se os imóveis de um sítio não tiverem a mesma estrutura de apresentação, será muito difícil para um utilizador encontrar todos os pormenores pertinentes e escolher a oferta que mais lhe convém; quase todas as pessoas interrogadas exprimiram o desejo de dispor de um formato único de resultados;

- ***Muitos pormenores e imagens nos resultados obtidos***: Dado que a compra ou o arrendamento de um imóvel representa um investimento importante, muitos inquiridos manifestaram o desejo de conhecer uma série de factos sobre o imóvel que pretendem comprar e sublinharam também a importância de ver imagens e fotografias dos imóveis para venda/arrendamento;

- ***informações adequadas sobre as imediações do imóvel***: não basta conhecer as características básicas de um imóvel; várias pessoas manifestaram o desejo de que lhes fosse mostrado um mapa de localização e de que lhes fossem fornecidas informações sobre os transportes públicos e as atracções turísticas relevantes nas imediações do imóvel;

- ***não ter de reintroduzir os dados do imóvel pretendido para cada pesquisa***: todos os inquiridos manifestaram a sua insatisfação por terem de reintroduzir uma série de critérios para cada pesquisa em vários sítios Web; este facto sublinha a necessidade de uma base de dados única de imóveis com numerosas entradas e a possibilidade de criar um perfil de utilizador permanente e de guardar as preferências do imóvel pretendido;

- ***um sistema de alerta adequado***: como o mercado imobiliário é muito dinâmico e todos os dias surgem novas ofertas, é muito moroso para um indivíduo manter-se a par de todas as ofertas relevantes; os utilizadores manifestaram o desejo de dispor de um sistema de alerta eficaz que os informe automaticamente quando um novo imóvel relevante (correspondente aos seus critérios) chega ao mercado;

- ***Contactar facilmente os agentes imobiliários ou os gestores do sítio Web***: na maioria dos casos, um utilizador necessita de informações adicionais (não disponíveis no sítio Web) sobre um imóvel e, na maioria dos casos, prefere contactar um agente imobiliário ou um gestor; um método eficaz de comunicação entre o cliente e o intermediário é, por conseguinte, uma necessidade fundamental;

2.3 Sistemas concorrentes e seus problemas

Uma vez identificadas as principais necessidades expressas pelos utilizadores, é necessário analisar em profundidade em que medida essas necessidades são satisfeitas pelos sítios Web imobiliários actuais. Atualmente, as ofertas imobiliárias são apresentadas principalmente em sítios Web e portais a que se pode aceder através de um navegador. Isto aplica-se não só ao mercado imobiliário, mas também à maioria dos mercados verticais. Embora as estruturas e o conteúdo informativo destes sítios variem de uma área para outra, a maior parte deles partilha um método comum que permite ao utilizador introduzir determinados critérios de filtragem para conter os seus serviços ou bens.

Dado o âmbito de extração escolhido, a análise centrar-se-á nas características e nos problemas apresentados pelos sítios Web do sector imobiliário, salientando também as semelhanças entre estes e outros sítios de mercados verticais.

Os sítios Web do sector imobiliário centram-se normalmente numa região geográfica específica e, por conseguinte, o formato das informações oferecidas é geralmente adaptado às preferências gerais das pessoas que vivem nessa região específica. É possível identificar um padrão na conceção e na funcionalidade que estes portais normalmente oferecem quando analisamos os sítios Web de imobiliário mais populares em todo o mundo e no Reino Unido (Figura 2). Todos têm o mesmo tipo de página inicial: uma página que fornece algumas informações sobre a empresa e inclui uma barra de pesquisa onde o utilizador pode definir uma série de opções às quais os imóveis pretendidos devem responder. Uma vez feito isso, uma lista de ofertas que correspondem aos parâmetros é recuperada e apresentada ao utilizador. A Figura 1 apresenta exemplos de interfaces. Os sítios Web de outras áreas, como concessionários de automóveis, analisadores de crédito e empréstimos ou motores de busca de seguros, têm uma conceção semelhante.

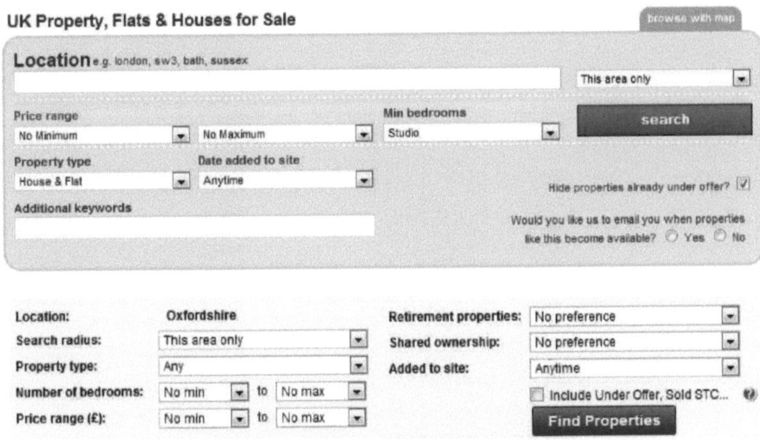

Figure 2: Sample real-estate search interfaces
(taken from http://www.rightmove.co.uk and http://www.primelocation.com)

Preferências insuficientes dos utilizadores - *Seja qual for* o domínio analisado, as preferências que um utilizador pode introduzir são, na maioria dos casos, bastante reduzidas. No sector imobiliário, por exemplo, limitam-se geralmente à localização do imóvel, à gama de preços, ao tipo de imóvel, ao número mínimo de quartos e à data de inscrição do imóvel no registo (muitas agências locais, como a Scott Fraser, oferecem escolhas ainda mais limitadas). O número de casas de banho do apartamento ou a existência ou não de uma cozinha podem também constituir um critério importante na escolha de um apartamento, nomeadamente para uma família numerosa. Além disso, em alguns casos, os utilizadores são obrigados a escolher entre gamas predefinidas irrelevantes (por exemplo, ao selecionar o preço desejado), o que limita o grau de personalização.

Incoerência - No sector imobiliário, embora a informação disponibilizada à agência sobre um determinado imóvel seja semelhante, a forma como é apresentada varia consideravelmente (Figura 3). Nalguns casos, as divisões do imóvel estão claramente indicadas, enquanto noutros, a informação sobre este assunto apenas aparece na descrição do imóvel; o utilizador pode facilmente perder estes dados importantes quando navega rapidamente pelos muitos imóveis oferecidos. Além disso, ou as principais características do imóvel são apresentadas antes do resto da descrição, que também está dividida em diferentes secções, ou são todas agrupadas numa única pilha ou texto. As páginas estão organizadas de forma muito diferente e cada uma contém vários botões e ligações clicáveis que fornecem informações adicionais sobre o imóvel, que um utilizador de computador inexperiente pode ter dificuldade em reconhecer. O mesmo se aplica a muitas outras áreas do mercado vertical; é comum sermos confrontados com informações díspares quando procuramos o estado de diferentes artigos em diferentes supermercados ou quando tentamos determinar todas as situações cobertas por um determinado tipo de seguro.

1 | Zillow
384 - eBizMBA Rank | 15,000,000 - Estimated Unique Monthly Visitors | 211 - Compete Rank | 284 - Quantcast Rank | 657 - Alexa Rank.

2 | Yahoo! Real Estate
433 - eBizMBA Rank | 13,500,000 - Estimated Unique Monthly Visitors | *400* - Compete Rank | *465* - Quantcast Rank | NA - Alexa Rank.

3 | Trulia
521 - eBizMBA Rank | 8,000,000 - Estimated Unique Monthly Visitors | 246 - Compete Rank | 329 - Quantcast Rank | 987 - Alexa Rank.

4 | Realtor
548 - eBizMBA Rank | 7,500,000 - Estimated Unique Monthly Visitors | 180 - Compete Rank | 617 - Quantcast Rank | 846 - Alexa Rank.

5 | Homes
1,847 - eBizMBA Rank | 2,850,000 - Estimated Unique Monthly Visitors | 506 - Compete Rank | 663 - Quantcast Rank | 4,372 - Alexa Rank.

6 | Rent
2,151 - eBizMBA Rank | 2,400,000 - Estimated Unique Monthly Visitors | 450 - Compete Rank | 853 - Quantcast Rank | 5,151 - Alexa Rank.

MOST POPULAR REAL-ESTATE WEB-SITES IN THE UK

1 | RightMove
www.rightmove.co.uk

2| Zoopla
www.zoopla.co.uk/

3| Primelocation
http://www.primelocation.com/

Figure 3: Most popular web-sites in the world and in the UK
(taken from Ebizma and the Telegraph websites)

Ofertas duplicadas - Quando se pesquisam imóveis em numerosas agências imobiliárias locais ou agregadores regionais (ou artigos como carros usados no sítio Web do vendedor ou dispositivos móveis em sítios de leilões electrónicos), um fenómeno muito desagradável é a presença de ofertas duplicadas entre os resultados. É frequente que uma oferta imobiliária (ou uma oferta semelhante) apareça várias vezes, quer em lugares sucessivos quer em lugares separados na lista de resultados da pesquisa, induzindo o utilizador em erro ao fornecer informações incorrectas sobre o estado do mercado.

Bases de dados inconsistentes - As agências imobiliárias mais populares são agregadores que recolhem dados de muitos sítios Web imobiliários mais pequenos. Por vezes, este processo não é realizado de forma exaustiva, o que faz com que muitas ofertas só apareçam em alguns sítios e não apareçam noutros, obrigando uma pessoa a pesquisar em vários sítios para encontrar o imóvel que mais lhe convém. A situação é ainda pior quando se trata de analisar ofertas de carros usados, de tentar encontrar o melhor negócio num smartphone ou de procurar o tratamento médico mais barato; nestes casos, é necessário agrupar todas as ofertas numa região.

Repetição desnecessária - A principal falha na conceção destes portais Web é que os utilizadores têm de os consultar várias vezes se quiserem obter os resultados mais actualizados. Por exemplo, se alguém dispusesse de um mês para procurar um apartamento adequado, teria de visitar numerosos sítios imobiliários, selecionar os critérios relevantes (o que alguns sítios não permitem), passar várias vezes por todos os resultados e, finalmente, escolher um. Dado que todas as semanas aparecem novos imóveis (e objectos em geral) ao mesmo tempo que os antigos, este processo fastidioso teria de ser repetido várias vezes, o que consome muito tempo e é muito incómodo para o utilizador. Embora existam alguns sítios Web que oferecem a possibilidade de criar uma conta estável, não dispõem de um mecanismo que permita notificar o utilizador do aparecimento de novos imóveis adequados no mercado. Esta opção reduziria drasticamente o tempo necessário para encontrar uma oferta adequada, uma vez que apenas requer uma única configuração. O mesmo problema coloca-se noutros domínios do mercado vertical: a ferramenta mais eficaz que um sítio de seguros, bancário ou de comércio eletrónico pode oferecer é uma newsletter que apresente as mesmas ofertas a todos os utilizadores, independentemente dos seus gostos (que são geralmente seleccionados através de publicidade paga).

Como se pode ver, embora existam milhares de sítios Web que tratam das muitas áreas do mercado vertical, estes têm graves falhas de conceção que podem ser muito incómodas para os utilizadores. O quadro 1 apresenta um resumo das características dos sítios Web mais populares do sector imobiliário.

Figura 4 - Exemplos de dados imobiliários de diferentes sítios Web
(de http://chancellors.co.uk, www.scottfraser.co.uk e www.rightmove.co.uk)

Quadro 1: Características dos sítios Web populares do sector imobiliário

Agência / Número de imóveis em Oxfordshire	Entradas duplicadas	Opções de adaptação	Capacidade de criar um perfil	Sistema de notificação	Formato uniforme para as propriedades
Breckon e Breckon / 182	Não	Superfície, preço, tipo de imóvel, número de quartos	Não	Não	Não
Chanceler federal s / 1320	Sim	Zona, preço, tipo de imóvel, número de quartos, código postal	Não	Não	Sim
John D. Wood / 166	Sim	Superfície, Preço, Número de quartos, Número de casas de banho, Tipo de propriedade	Não	Não	Não
Martin e companhia / 238	Sim	Superfície, preço, tipo de imóvel, número de quartos, tipo de mobiliário	Não	Não	Não
Um sítio de primeira classe / 2132	Sim	Área, preço, tipo de imóvel, número de quartos, período de aluguer, data de inclusão no sítio Web	Sim	Imóvel por imóvel	Não
Movimento correto / 1958	Sim	zona, preço, tipo de imóvel, número de quartos, opções de reforma, propriedade partilhada, data de inclusão no sítio Web	Sim	Propriedade por propriedade	Não
Scott Fraser exclusivamente em Oxfordshire / 259	Sim	Superfície, preço, número de quartos, tipo de mobiliário	Não	Não	Sim
White Walls exclusivamente em Oxfordshire / 192	Não	Zona, preço, tipo de imóvel, número de quartos, código postal	Sim	Imóvel por imóvel	Sim
Yahoo Real Estate exclusivo nos Estados Unidos / K.A.	Não	Superfície, preço, tipo de imóvel, número de quartos, número de casas de banho, superfície, data de inclusão no sítio Web	Sim	Propriedade por propriedade	Sim
Zillow exclusivamente nos Estados Unidos / K.A.	Sim	Superfície, Preço, Tipo de imóvel, Número de quartos, Número de casas de banho, Superfície, Ano de construção	Sim	Imóvel por imóvel	Não
Zoopla / 1873	Sim	Superfície, preço, tipo de imóvel, número de quartos	Sim	Imóvel por imóvel	Não

2.4 Requisitos e características

A secção anterior resume os principais requisitos que o OXAlert deve satisfazer para funcionar como um portal Web moderno para o mercado imobiliário. Estes requisitos devem ser cumpridos para que os utilizadores possam obter todas as informações relevantes no mais curto espaço de tempo possível.

Para responder a todas as exigências, o nosso projeto inclui muitas características inovadoras, tais como

- *grande adaptabilidade:* OXAlert oferece aos utilizadores uma vasta gama de opções de personalização dos elementos (características) que preferem, permitindo-lhes definir claramente o produto/serviço que pretendem;

- *uma interface de utilizador adequada*: o portal Web OXAlert é intuitivo e fácil de utilizar, fornece instruções adequadas e centra-se no conteúdo e na rapidez de execução

- *Preferências duradouras:* O OXAlert permite criar um perfil em linha e guardar as preferências/critérios de pesquisa pretendidos (através de um ambiente Web adequado), para que não seja necessário especificar sempre os mesmos parâmetros;

- *Notificação automática:* O programa fornece notificações automáticas (sob a forma de e-mails) de objectos (propriedades) recentemente adicionados que correspondem aos critérios especificados pelo utilizador;

- *Representação consistente dos dados:* a aplicação tem um formato de visualização uniforme para a informação relativa a todos os elementos (propriedades), fornecendo ao utilizador uma estrutura de informação consistente;

- *Extensa base de dados:* o projeto dispõe de uma extensa base de dados de objectos com mecanismos avançados de recolha de informação;

- *Sem duplicados*: **Não** existem itens (propriedades) duplicados na base de dados do OXAlert;

Embora o OXAlert funcione como um motor de busca de imóveis, os seus princípios de conceção são independentes do conteúdo e as inovações que traz podem ser facilmente adaptadas a qualquer domínio, oferecendo todas as funcionalidades necessárias.

A forma exacta como todas estas funções inovadoras foram implementadas (e aplicadas ao sector imobiliário) é descrita nos capítulos 4 a 6.

2.5 Oxfordshire: um local ideal para analisar o mercado imobiliário

Durante a fase inicial de desenvolvimento do projeto, foram consideradas várias opções para selecionar a área geográfica cujo mercado imobiliário devia ser analisado. O tempo necessário para finalizar o OXAlert era limitado e não estava disponível nenhum método físico de pesquisa de imóveis. Além disso, não era possível aceder diretamente a uma base de dados imobiliária, uma vez que se tratava de informação pré-fabricada sobre habitações, o que dificultava ainda mais a seleção.

Os principais factores que influenciam a escolha da região :

- *Um número suficiente de utilizadores:* a área escolhida deve ser suficientemente grande para que um número considerável de pessoas a possa utilizar;

- *um mercado imobiliário gerível:* a zona escolhida deve ser suficientemente pequena para não conter um número excessivo de ofertas imobiliárias, que exigiriam muito tempo de prospeção

- *Interesse permanente:* O domínio deve ser de interesse permanente para um grande número de pessoas de diferentes origens, de modo a que o projeto possa abranger uma base óptima de utilizadores;

- *Numerosas agências:* a última condição de que depende o projeto é a presença de numerosas agências imobiliárias locais e agregadores regionais que contenham um grande número de ofertas para a zona;

Devido a todos estes factores, e dada a localização da Faculdade de Informática, Oxfordshire é a escolha ideal para o centro de gravidade do nosso projeto.

Com uma área de 2.605 quilómetros quadrados, uma população local de mais de 600.000 pessoas (Wikipedia) e um grande número de estudantes que vêm para cá todos os anos, este pedaço de terra em particular preenche todos os requisitos. É sabido que existe um grande interesse no mercado imobiliário de Oxfordshire: depois de chegarem a Oxford, um número considerável de estudantes vê-se confrontado com uma das tarefas menos divertidas - encontrar um bom apartamento ou casa para ficar; o alojamento universitário é limitado e algumas pessoas preferem viver fora dos limites da cidade de Oxford devido aos preços mais acessíveis.

Por último, existem muitos sítios Web como "Scott Fraser", "Martin & Co.", "John D. Wood" e agregadores como "Zoopla", "Right Move" ou "Chancellors" com um número razoável de entradas para este domínio específico.

Capítulo 3
Tecnologias de extração e limpeza de dados

3.1 Ferramentas de extração de dados existentes

A extração de dados é definida como o ato ou processo de recuperar dados de fontes de dados (geralmente não estruturadas ou mal estruturadas) para posterior processamento ou armazenamento. Dado que a quantidade de informação disponível na Internet (para cada domínio importante) se tornou extremamente grande, só pode ser captada eficazmente através da utilização de programas que recolhem automaticamente dados de fontes específicas. Os elementos básicos de qualquer programa que lide com um mercado vertical são as informações que, em última análise, interessam ao utilizador final, ou seja, os diferentes bens ou serviços oferecidos nessa área. Por conseguinte, o primeiro passo do projeto consiste em identificar as fontes de dados adequadas e criar um programa competente de recolha de informações. Embora o OXAlert tenha sido concebido para analisar o mercado imobiliário (ou seja, precisa de recolher vários pormenores sobre as ofertas imobiliárias), os princípios de conceção subjacentes à parte de extração de dados podem ser aplicados a qualquer domínio.

Depois de Oxfordshire ter sido escolhido como região candidata, é necessário identificar os sítios Web locais e os agregadores regionais mais adequados. Os critérios de seleção são o número de ofertas e, mais importante ainda, a qualidade e a quantidade de informações fornecidas sobre cada propriedade. De um ponto de vista técnico, a estrutura das páginas Web desempenha um papel importante, uma vez que o projeto exige uma apresentação bem formatada dos dados sobre os imóveis, para que possam ser explorados de forma relativamente fácil e rápida. As agências que melhor respondem a estas exigências são: "Scoot Fraser", "Martin & Co", "John D. Wood and Co", "Hamptons", "Breckon & Breckon", "White Walls Agency", "Zoopla", "Right Move", "Prime Location" e "Chancellors".

Para determinar o método mais eficaz de extração de dados imobiliários, são analisadas muitas técnicas e programas de extração de dados existentes. O software deve ser capaz de extrair rapidamente dados precisos e estruturados de um determinado sítio Web e deve também oferecer um nível de adaptabilidade suficiente para tratar dados de qualquer mercado vertical. Como outros estudos demonstraram, a conceção de sítios Web tornou-se ainda mais complicada com o desenvolvimento de peças com Javascript e AJAX, que só libertam conteúdos após determinadas interacções do utilizador (como é, em grande medida, o caso dos sítios Web imobiliários).

Embora existam muitos tipos de técnicas de extração de dados, todas elas podem ser classificadas como não supervisionadas, semi-supervisionadas ou supervisionadas, independentemente da sua complexidade ou função.

Instalar quaisquer tecnologias não monitorizadas

1) Rastreadores pré-implementados - *São* programas que podem ser configurados para rastrear páginas Web específicas e recuperar o conteúdo textual, quer de forma metódica e automática, quer de forma ordenada. O mais conhecido é o Web crawler **da Google,** mas muitas das suas funções estão abrangidas pelo âmbito da propriedade intelectual privada. Outros exemplos são o **UIMA da Apache**, que concebe tarefas de extração com base num fluxo de trabalho, o **Aspseek** e o **Datapark Search**; no entanto, a sua incapacidade de renderizar páginas, combinada com a impossibilidade de simular certas acções do utilizador (como cliques do rato), torna-os incapazes de realizar todas as tarefas de extração de dados necessárias. Devido à estrutura dos sítios Web do sector imobiliário, é essencial simular a interação humana, pelo que os rastreadores de dados, com base em observações anteriores, são geralmente uma solução ineficaz.

2) Linguagens de extração de fonte aberta - Programas como o Web Harvest têm a vantagem de definir tarefas de extração sob a forma de scripts imperativos formulados em linguagens estruturadas e são frequentemente utilizados para extrair dados de diferentes fontes. A linguagem utilizada pelo Web Harvest é a XML, que permite explorar conteúdos textuais específicos. No entanto, este programa não consegue lidar com aplicações Web interactivas e não dá acesso à página renderizada, mas sim a uma visualização XML despojada de documentos HTML, o que o torna pouco adequado para o nosso projeto.

3) Software de extração automática de dados - Estes programas representam uma alternativa mais complexa e oferecem uma gama mais vasta de operações. O **Automation Anywhere** é um dos programas mais populares desta categoria e oferece um elevado nível de personalização, combinando a navegação automática na página com a extração de informações estruturadas e permitindo ao utilizador "automatizar a extração de dados sem qualquer programação". Graças às muitas ferramentas que oferece, os utilizadores podem determinar quais as partes predefinidas de uma página Web que devem ser extraídas utilizando os gestos do rato. O principal inconveniente desta aplicação é a caraterística que é apresentada como o seu ponto forte, nomeadamente a ausência de programação, o que torna praticamente impossível extrair apenas certas partes de um texto ou procurar a presença de cadeias de caracteres correspondentes a determinados formatos. Para além disso, o preço elevado torna o programa bastante indesejável. O **Astera** e o **Mozenda** são outros candidatos possíveis, mas o facto de funcionarem como extractores de relatórios torna-os inadequados para as nossas necessidades específicas de extração de dados.

Identificar possíveis tecnologias monitorizadas:

4) Ferramentas de extração baseadas em NLP - Estes programas foram concebidos para extrair dados textuais de um modelo e têm um elevado grau de adaptabilidade. No entanto, a maioria deles (como o **RAPIER, SRV ou WHISK**) depende de exemplos de treino que requerem etiquetas de partes linguísticas, dados de que não dispomos. Além disso, devido aos diferentes formatos em que os diferentes sítios imobiliários apresentam os seus dados, seria ineficiente recuperar os primeiros exemplos de treino, etiquetá-los e depois utilizá-los como dados de treino.

Figura 5: Logotipos dos programas de extração de dados analisados
(retirado dos vários sítios Web das empresas-mãe)

5) Ferramentas de extração de dados baseadas em modelos/ontologias - Por razões semelhantes às mencionadas acima, as ferramentas de extração de dados baseadas em modelos (que necessitam de uma estrutura-alvo para os objectos de interesse), como a **NoDoSE,** e as ferramentas baseadas em ontologias (que se baseiam nas características e conceitos dos documentos de formação), como a **ferramenta BYU**, são também soluções sub-óptimas para as nossas necessidades específicas de informação.

Possíveis tecnologias semi-supervisionadas:

6) Ferramentas de automatização da Web - Estas ferramentas centram-se principalmente em sequências de navegação simples para automatizar uma tarefa e não são adequadas para a extração de dados em grande escala da Web. Programas como o **Coscripter** e o **iMacros** são exemplos de tais ferramentas, mas não são adequados para o OXAlert, uma vez que não suportam a navegação multi-canal e têm construções de programação iterativa e condicional limitadas.

7) XPath - Uma linguagem útil, capaz de realizar as tarefas desejadas com relativa simplicidade, é o XPath. A sua capacidade de extrair dados específicos que satisfazem determinados critérios relacionados com a conceção de sítios Web, combinada com o modelo de código normalizado que muitos sítios Web imobiliários seguem, faz do XPath uma ferramenta adequada. No entanto, carece de certas características essenciais, como a navegação automática eficiente na página ou a capacidade de explorar eficazmente apenas certas partes de um texto, pelo que não é suficiente por si só. Alguns programas, como o **ANDES**, utilizam o XPath para navegar em páginas Web, gerando URLs a partir de formulários preenchidos de forma ingénua e devolvendo esses URLs ao rastreador subjacente. No entanto, esta separação completa entre extração e navegação torna o software difícil de configurar e adaptar, uma vez que se trata de sítios Web para mercados verticais. Existem outras abordagens semelhantes, mas limitam-se a modelos generalizados de cruzamento de árvores e não têm em conta os diferentes formatos em que as propriedades são representadas.

8) Ferramentas de geração de wrappers - Estes programas têm a grande vantagem de poderem recuperar informações específicas descritas por regras de extração baseadas na delimitação. Embora partilhem os mesmos princípios de conceção que as ferramentas de extração baseadas em PNL, não se baseiam em restrições linguísticas, mas na estrutura e no formato dos dados, o que os torna mais adequados para a extração de documentos HTML. Além disso, as suas regras podem ser geradas de várias formas, sem necessidade de dados de treino relevantes (um único exemplo é suficiente). Em suma, os wrappers cumprem todos os requisitos de extração de dados do OXAlert. Além disso, a possibilidade de utilizar a estrutura e os métodos da linguagem XPath oferece muitas vantagens e, felizmente, existe uma solução que combina as vantagens da geração de wrappers e do XPath: OXPath.

9) IDEs de extração da Web - Estes programas oferecem um ambiente de desenvolvimento completo que permite criar invólucros de forma interactiva, registando as acções do utilizador num navegador e definindo modelos de extração com base nisso. As soluções mais populares incluem o **Lixto**, o **Visual Web Ripper**, o **Web Content Extrator** e o **BODE**. Como todas estas ferramentas de criação de invólucros, a sua eficiência deve ser comparada com a do OXPath, a fim de determinar um modelo de extração de dados ideal. Em termos de velocidade e de consumo de memória, o OXPath supera claramente os seus concorrentes, uma vez que a utilização da memória se mantém constante, ao passo que aumenta constantemente no caso dos IDE. Além disso, a estrutura bastante heterogénea dos dados de certos sítios imobiliários, nomeadamente dos agregadores, torna difícil definir com precisão os modelos de extração. Uma vez que o projeto efectua muitas extracções ao mesmo tempo, a tendência do BODE para replicar instâncias do navegador para a navegação multicanal conduz a um desempenho abaixo do ideal. Além disso, tanto o Lixto como o Web Ripper têm demasiadas opções de personalização e, ao contrário do OXPath, os seus invólucros são mais difíceis de manter e de adaptar a novos tipos de dados.

O quadro 2 apresenta um resumo das tecnologias apresentadas.

3.2 OXPath: a melhor escolha para extrair dados estruturados

A solução ideal para a extração de dados surge sob a forma de OXPath, "A Language for Scalable Data Extraction, Automation, and Crawling on the Deep Web". OXPath é um projeto da equipa DIADEM da Faculdade de Ciências Informáticas da Universidade de Oxford e é uma extensão do XPath para interação com aplicações Web e extração de informações. Oferece, portanto, todas as vantagens do XPath, com a adição de um nível único de personalização e um número considerável de características inovadoras.

São várias as características que fazem do OXPath o candidato perfeito para a tarefa de extração de dados, todas elas decorrentes dos seus principais objectivos: extração da Web, automatização e extração orientada da Web:

• *Interação com a Web*: OXPath é facilmente capaz de interagir com interfaces de aplicações Web sofisticadas;

• *Exploração precisa do conteúdo:* OXPath é capaz de capturar com precisão os dados relevantes a extrair,
e oferece aos programadores um nível extremamente elevado de adaptabilidade e um grande número de funções complexas de processamento de cadeias de caracteres;

• *Flexibilidade*: OXPath adapta-se facilmente a qualquer tipo de dados e pode também crescer com a quantidade de dados.
Além disso, as informações extraídas podem ser guardadas como texto simples, ficheiros XML ou entradas de bases de dados;

- ***Integração existente***: O OXPath integra-se facilmente com muitas tecnologias Web existentes;

```
⟨expr⟩      ::= ⟨expr⟩ ⟨binop⟩ ⟨expr⟩ | ⟨xpath-unop⟩ ⟨expr⟩
            |   ⟨path⟩ ( '|' ⟨path⟩ )*
⟨path⟩      ::= ⟨istep⟩ ( '/' ⟨step⟩ )*
⟨istep⟩     ::= ⟨funct⟩ '(' ( ⟨expr⟩ ( ',' ⟨expr⟩ )* )? ')' | ⟨var⟩
            |   '(' ⟨expr⟩ ')' | ⟨istep⟩ ⟨step-suffix⟩ | ⟨step⟩
⟨step⟩      ::= ⟨step⟩ ⟨step-suffix⟩ | ⟨action⟩ | ⟨kleene⟩
            |   ⟨axis⟩ '::' ⟨node-test⟩
⟨kleene⟩    ::= '(' ⟨path⟩ ')*' ( '{' ⟨number⟩ ',' ⟨number⟩ '}'
                )?

⟨action⟩    ::= '{' ((⟨ident⟩ | ⟨xpath-value⟩) '/' ? '}'
⟨funct⟩     ::= ⟨xpath-funct⟩ | 'doc'
⟨axis⟩      ::= ⟨xpath-axis⟩ | 'style'
⟨node-test⟩ ::= ((⟨xpath-nt⟩ | 'field()' ) ( ( '.' | '#' ) ⟨ident⟩ )?
⟨step-suffix⟩ ::= ⟨qualifier⟩ | ⟨marker⟩
⟨qualifier⟩ ::= '[' ⟨expr⟩ ']'
⟨marker⟩    ::= ':<' ⟨name⟩ ( '=' ⟨expr⟩ )? '>'
⟨binop⟩     ::= ⟨xpath-binop⟩ | '~=' | '~' | 'subset'
```

- ***Consumo eficiente de recursos***: o OXPath utiliza a avaliação página a página para garantir que o consumo de memória é independente do número de páginas visitadas e permanece polinomial ao longo do tempo;

- ***velocidade de extração rápida:*** o OXPath é capaz de extrair dados com precisão a uma velocidade muito superior, superando várias vezes o desempenho de muitos outros crawlers;

- ***Estabilidade e escalabilidade:*** O OXPath foi extensivamente testado e é facilmente escalável, com novas funcionalidades a serem adicionadas regularmente;

A própria linguagem OXPath é muito intuitiva e tem uma sintaxe robusta (ver Figura 8), que oferece vários métodos úteis para extrair certas partes de um documento Web com base na sua estrutura. Além disso, o facto de o OXPath ter sido codificado pela equipa DIADEM e estar constantemente a ser atualizado constitui mais uma razão para o utilizar. Quando o projeto OXAlert foi lançado, o OXPath ainda tinha alguns problemas de estabilidade e, por vezes, falhava ao extrair dados. A oportunidade de ajudar a testar e melhorar uma aplicação muito útil, cujo potencial estava longe de ser explorado, bem como a possibilidade de sugerir possíveis melhorias que poderiam tornar este programa uma ferramenta indispensável para futuros projectos de extração da Web, tornaram a escolha deste software ainda mais atraente. O procedimento exato para criar wrappers utilizando esta linguagem é descrito no Capítulo 5.

Ao extrair dados imobiliários com esta linguagem, foram analisadas as suas falhas, examinados os seus erros e tentou-se reproduzir as suas condições para as corrigir; foram também acrescentadas novas funcionalidades úteis para tornar a extração de informação ainda mais eficiente. Os resultados da avaliação são apresentados no capítulo 7.

Figura 6: Sintaxe OXPath

(da documentação do OXPath)

Quadro 2: Comparação das tecnologias de extração de dados consideradas

Tecnologia de extração	Grau de individualização	Dificuldade de adaptação	Capacidades de processamento de cadeias de caracteres	Dependência da aprendizagem pelo exemplo	Capacidade de gerir dados em diferentes formatos	Capacidade de simular a interação	Consumo de memória	Preços
Rastreador pré-implementado	Baixa	Elevado	Elevado	Não	Recursos	Insuficiente	Adequado	Grátis
Linguagens de extração de fonte aberta	Recursos	Recursos	Elevado	Não	Recursos	Insuficiente	Adequado	Grátis
Software de recuperação automática de dados	Recursos	Baixa	Baixa	Não	Baixa	Adequado	Adequado	Não é gratuito
Ferramentas de extração baseadas em PNL	Recursos	Recursos	Elevado	Elevado	Recursos	Adequado	Adequado	Grátis
Ferramentas de extração de dados baseadas em modelização/ontologia	Recursos	Elevado	Elevado	Elevado	Recursos	Adequado	Adequado	Grátis
Ferramentas de automatização da Web	Recursos	Recursos	Elevado	Não	Recursos	Insuficiente	Insuficiências	Grátis
XPath	Recursos	Baixa	Elevado	Não	Elevado	Insuficiente	Adequado	Grátis
IDE de extração da Web	Elevado	Elevado	Elevado	Não	Elevado	Elevado	Insuficiências	Grátis
Ferramentas de criação de wrappers	Elevado	Recursos	Recursos	Não	Elevado	Adequado	Adequado	Grátis
OXPath	Elevado	Baixa	Elevado	Não	Elevado	Adequado	Adequado	Grátis

3.3 Ferramentas existentes de limpeza e integração de dados

Em TI, a limpeza de dados é definida como o processo de deteção e correção (ou remoção) de registos danificados ou imprecisos de um conjunto de dados, tabela ou base de dados. No entanto, devido aos diversos tipos de dados e registos presentes nos sistemas actuais e à crescente procura de mais e mais dados, é agora um processo mais complexo, que envolve várias operações, e é essencial para qualquer projeto de extração de informação relevante.

As principais tarefas envolvidas num processo de limpeza de dados são as seguintes:

- *Deteção e eliminação de dados incompletos ou danificados ;*

- *Deteção e eliminação de duplicados ;*

- *Minimizar as necessidades de armazenamento ;*

- *garantir a integridade* (*ou seja, que os dados correctos não sejam alterados, danificados ou modificados*)

Dado que o OXAlert trabalha com grandes quantidades de dados (um mercado vertical pode ter até milhões de ofertas diferentes num portal Web), precisa de realizar um processo de limpeza de dados eficiente e preciso que execute corretamente as tarefas descritas acima, sendo capaz de adaptar a sua função ao conjunto preciso de dados com que o programa está a trabalhar (no nosso caso, dados imobiliários, mas a sua conceção deve adaptar-se a qualquer tipo de dados de entrada).

O primeiro requisito é dispor de um método para extrair entradas de dados completas da base de dados original (na qual os scripts OXPath estão armazenados). Neste caso, a informação está disponível como entradas de tabela (numa base de dados SQL) ou como ficheiros XML. Em seguida, o programa deve detetar e eliminar corretamente as ofertas de propriedades duplicadas; por último, os dados devem ser comprimidos de forma eficiente, preservando a integridade e a legibilidade do conteúdo.

Uma decisão de conceção importante é saber se o projeto deve utilizar o software de limpeza de dados existente ou desenvolver o seu próprio algoritmo de limpeza de informação. Devem ser analisadas várias tecnologias existentes. Os critérios de comparação mais importantes são a sua capacidade de extrair e separar eficazmente os dados dos objectos, a sua capacidade de detetar ofertas de objectos duplicados e o seu desempenho em termos de compressão de dados (mantendo os dados num formato totalmente legível e compreensível).

Figure 7: Logos of analyzed data cleaning and integration programs
(taken from the various web-sties of the parent companies)

As tecnologias actuais de extração de dados incluem :

1) *Removedor de ficheiros duplicados* - Esta solução consiste em guardar todas as informações extraídas como ficheiros XML e depois limpá-las com um removedor de ficheiros duplicados (como o **Duplicate Cleaner Free**). No entanto, esta é uma abordagem ineficaz, uma vez que os dados danificados não podem ser identificados e as ofertas de propriedades duplicadas não podem ser detectadas eficazmente (mesmo que o conteúdo exato de dois ficheiros XML possa ser apenas ligeiramente diferente, continuam a descrever o mesmo edifício).

2) *XML Duplicate Remover* - Embora deva ser utilizado um software especializado para detetar ficheiros XML duplicados (como o XML Duplicate Remover), faltam-lhe as ferramentas de adaptação necessárias para criar um algoritmo relevante para detetar propriedades duplicadas. Isto deve-se principalmente ao facto de estes programas não possuírem métodos de comparação de cadeias de caracteres suficientemente potentes.

3) *Software avançado de limpeza de dados* - O software de limpeza de dados com funções mais especializadas, como o **SQL Power DQguru** ou o **Data Ladder**, tem a vantagem de poder efetuar uma série muito completa de operações sobre os itens armazenados numa base de dados. O processo consiste em armazenar todos os dados originais numa base de dados MySQL e depois limpá-los utilizando o software acima mencionado. Embora seja possível detetar entradas danificadas ou incompletas e identificar e eliminar facilmente ofertas de imóveis em duplicado, o software não é capaz de detetar eficazmente a maioria das ofertas equivalentes quando estão redigidas de forma diferente, pelo que não é o ideal. Ambos os pacotes de software foram especificamente concebidos para normalizar o contacto humano e, embora tenham um certo número de operações e critérios de comparação para o conteúdo dos dados, é demasiado difícil definir algoritmos de comparação de cadeias suficientemente complexos (utilizando os seus métodos predefinidos). Além disso, a falta de documentação gratuita para o "SQL Power DQguru" e o custo elevado do "Data Ladder" consolidam o estatuto a longo prazo destes programas como más escolhas.

4) *Empresas de limpeza de dados* - Embora existam muitas empresas especializadas que oferecem soluções suficientemente complexas para a desduplicação de dados, como a **Experian QAS** ou a **Improve my data**, o custo dos seus serviços é demasiado elevado e reduz os benefícios do projeto OXAlert, uma vez que cria uma dependência de uma organização terceira.

5) *Algoritmos pré-implementados baseados em entradas de dados* - Existem vários algoritmos que tratam da eliminação de entradas duplicadas numa base de dados. No artigo "**Adaptive Duplicate Detection Using Learnable String Similarity Measures**", Mikhail Bilenko e Raymond J. Mooney apresentam um quadro para melhorar a deteção de duplicações através da utilização de medidas de similaridade de texto aprendíveis, nomeadamente a utilização de funções de distância de texto aprendíveis para cada campo da base de dados. Embora esta abordagem tenha muitas vantagens, exige uma formação significativa para cada tipo de conjunto de dados e tem de ser repetida sempre que é introduzida nova informação estruturada na base de dados; isto vai contra o principal objetivo do OXAlert, que é criar um quadro para a extração, limpeza e integração de dados que possa ser facilmente adaptado a qualquer mercado vertical. As propostas contidas no artigo "**Matching Algorithms within a Duplicate Detection System**" de Alvaro E. Monge apresentam o mesmo problema.

6) *Algoritmos pré-implementados baseados em XML* - A utilização de algoritmos já existentes para limpar dados XML é outra abordagem possível. O OXAlert pode armazenar cada oferta individual de imóvel como um ficheiro XML (baseado em OXPath). Por conseguinte, os procedimentos existentes já implementados para eliminar automaticamente os dados XML redundantes e reconhecer corretamente os ficheiros XML que contêm informações semelhantes podem ser uma solução adequada. O **Stack**

Overflow e muitos outros fóruns de programação, como o **Devshed**, foram consultados, mas nenhuma das soluções que propõem tem um método eficaz para detetar ofertas de imóveis duplicadas; todas elas se centram nos dados de contacto das pessoas ou nos dados de publicação. Além disso, nenhum plug-in ou biblioteca Java ou C++ é capaz de efetuar esta tarefa.

Como se pode ver, não existe nenhuma técnica de limpeza e integração de dados que satisfaça os requisitos específicos do nosso projeto. Um resumo das tecnologias apresentadas está disponível na Tabela 3.

3.4 Razões para um novo conceito

A decisão sobre a técnica de limpeza de dados a utilizar foi tomada após a leitura do artigo de Melanie Weis e Ioana Manolescu "Declarative XML Data Cleaning with XClean" e do artigo de Helena Galharda "Data cleaning and transformation using the AJAX framework". Estes artigos salientam o facto de uma quantidade crescente de dados XML exigir abordagens para uma limpeza XML eficaz e eficiente, mas este problema não é abordado pelos sistemas de limpeza de dados existentes (geralmente especializados em dados relacionais). Propõem também um quadro de limpeza de dados especificamente concebido para a limpeza de dados XML, bem como uma abordagem baseada num conjunto de operadores de limpeza cuja semântica está bem definida sob a forma de operadores XML algébricos.

Embora o algoritmo aqui descrito não satisfaça totalmente os requisitos do projeto, destaca as muitas vantagens únicas do desenvolvimento de um novo algoritmo de limpeza de dados (utilizando XML como fonte de dados).

Podemos enumerá-los aqui:

- *maior controlo e independência: o* desenvolvimento e a utilização do nosso próprio software permite-nos um controlo total e uma independência em relação a terceiros;

- *Manipulação de texto superior:* utilizando as vantagens de uma linguagem de programação orientada para objectos (como Java), podem ser utilizadas ferramentas de análise de texto extremamente avançadas e pode ser facilmente desenvolvido um algoritmo adaptado às nossas necessidades específicas de dados;

- *Utilização eficiente das tecnologias existentes: Devido à* compatibilidade entre Java e XML (e aos métodos de manipulação de XML já presentes em Java), os dados inválidos ou danificados podem ser facilmente detectados e o conteúdo das etiquetas nos ficheiros XML pode ser manipulado muito facilmente;

- *Maior escalabilidade e facilidade de atualização:* esta abordagem oferece ao projeto um elevado nível de escalabilidade, uma vez que é muito fácil acrescentar novas funcionalidades e actualizações, o que não seria possível com um pacote de software existente;

- **_Maior adaptabilidade:_** esta abordagem torna o projeto muito facilmente adaptável a qualquer tipo de dados; ao dividir claramente o algoritmo de limpeza de dados em pacotes, de acordo com as funções dependentes e independentes do conteúdo, o processo pode ser facilmente modificado para funcionar com qualquer tipo de dados de entrada e de entrada de qualquer campo; além disso, ao utilizar XML como tipo de entrada de dados, garantimos que é fácil de interpretar e editar;

Uma vez decidida a conceção óptima dos componentes de extração e de limpeza dos dados do projeto, a arquitetura global pode ser concebida. O funcionamento exato do algoritmo de limpeza da informação é explicado no capítulo 5.

Quadro 3: Comparação das tecnologias de limpeza de dados consideradas

Tecnologia	Funções de limpeza para dados incorrectos/incompletos	Capacidades de processamento de cadeias de caracteres	Funções de deteção de duplicados	Dificuldade de adaptação	Aprendizagem necessária	Compressão de dados	Preços
Deteção de ficheiros duplicados	Não	Não	Insuficiente	Baixa	Não	Não	Grátis
Eliminação de duplicados XML	Adequado	Limitada	Insuficiente	Baixa	Não	Não	Grátis
Programas avançados de limpeza de dados	Adequado	Limitada	Insuficiente	Elevado	Não	Apenas através do arquivamento	Não é gratuito
Empresa de limpeza de dados	Adequado	Adequado	Adequado	K.A.	Não	Apenas através do arquivamento	Não é gratuito
Algoritmos pré-implementados com base em dados introduzidos	Adequado	Adequado	Adequado	Elevado	Sim	Não	Grátis
Algoritmos pré-implementados baseados em XML	Adequado	Adequado	Insuficiente	Recursos	Não	Não	Grátis
Algoritmo OXAlert	Adequado	Adequado	Adequado	Recursos	Não	Sim	Grátis

Capítulo 4

OXAlert: acompanhamento do mercado imobiliário em Oxford

4.1 Arquitetura do projeto

O OXAlert é um projeto complexo que combina elementos de extração de informação, limpeza de dados, gestão de bases de dados, interação homem-computador e serviços Web.

Um dos grandes desafios do projeto é a necessidade de uma arquitetura eficiente e escalável que permita que os componentes comuniquem facilmente com os seus homólogos para realizar as tarefas e os processos necessários ao bom funcionamento do sistema, uma vez que este tem tantas funções e componentes criados com diferentes linguagens e técnicas de programação. Por conseguinte, a arquitetura do OXAlert foi concebida sobretudo para ser facilmente extensível e adaptável, dotando ao mesmo tempo o sistema de um elevado grau de adaptabilidade para que possa realizar tarefas extremamente pormenorizadas para o tipo específico de dados de entrada com que tem de lidar em cada momento.

A melhor opção para garantir o cumprimento de todas as condições acima referidas é uma arquitetura de vários níveis. A vantagem desta abordagem é que cada uma das camadas pode ser parametrizada para executar um conjunto específico de tarefas e funcionar independentemente das outras camadas, exigindo apenas a entrada adequada, que pode ser efectuada em momentos diferentes.

A aplicação compreende um total de 10 componentes que interagem para fornecer a funcionalidade exigida pelo programa. Estão divididos em 4 camadas, ligadas entre si por componentes da base de dados. A figura 4 apresenta uma representação esquemática destes elementos e da forma como comunicam entre si.

Os 4 níveis da arquitetura do projeto são: "Extração de dados", "Limpeza de dados", "Criação de mensagens" e "Interação com o utilizador".

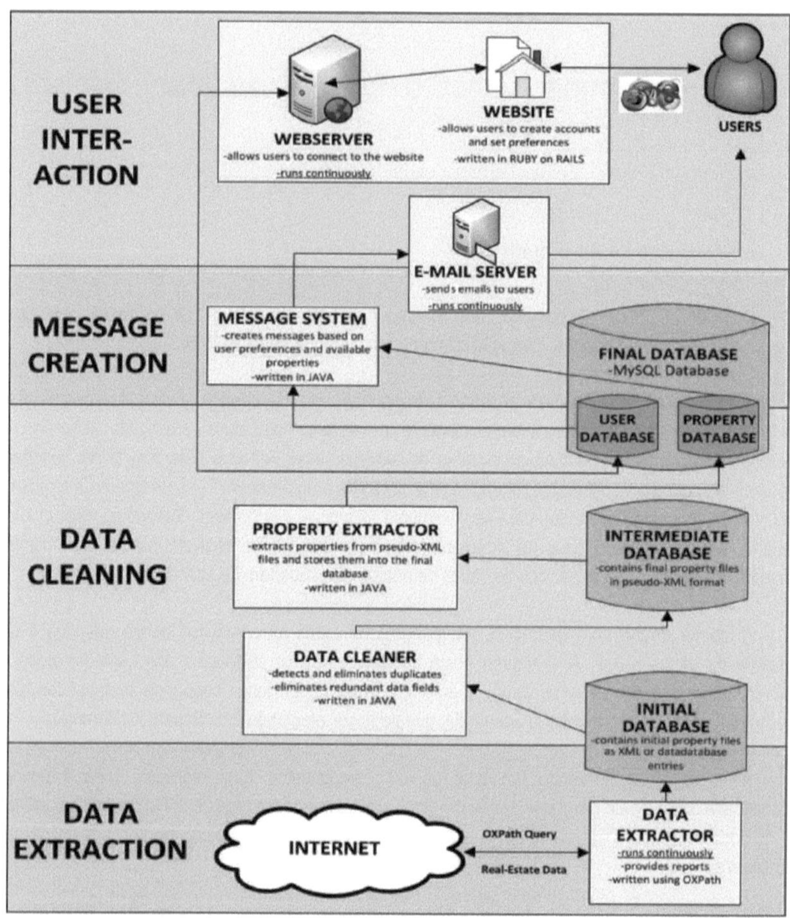

Figura 8: Arquitetura do sistema

Extração de dados

É o nível básico do programa, responsável pelo fornecimento dos dados brutos que são finalmente processados e transformados em conteúdo para as mensagens que os utilizadores recebem. Como nível inferior, interage com a Internet extraindo dados de numerosos sítios imobiliários (para funcionar, deve ser colocado num computador com uma ligação ativa à Internet) e com o nível "limpeza de dados" através de um componente intermédio, ou seja, uma base de dados inicial.

Esta unidade contém 2 componentes principais: o extrator de dados e a base de dados de saída.

Extrator de dados: este é o componente que obtém informações sobre as casas de Oxfordshire a partir de vários sítios Web de propriedades (embora possa ser configurado para obter qualquer tipo de dados). Funciona continuamente num servidor na Faculdade de Informática da Universidade de Oxford e recupera dados sobre habitação dos sítios relevantes em intervalos regulares. Os dados são extraídos utilizando consultas escritas na linguagem OXPath (ela própria baseada em XPath) e os resultados são armazenados em ficheiros XML (este componente também pode ser configurado para armazenar informações como entradas em tabelas de bases de dados). Como ainda existem alguns problemas de estabilidade com o OXPath, a consulta é reexecutada em caso de falha. Para evitar que a extração de informação seja confundida com uma tentativa de flood, o componente tem um mecanismo de time-out entre pedidos sucessivos. Utiliza a navegação automática de páginas do OXPath e a extração de dados estruturados para obter os dados pretendidos, produzindo também relatórios de atividade em intervalos regulares.

Base de dados inicial: é a componente em que são armazenados os resultados da extração de dados e que serve igualmente de fonte de dados para o purificador de dados (razão pela qual é o elemento de ligação entre o primeiro e o segundo níveis da arquitetura OXAlert). Trata-se de uma base de dados persistente num servidor do departamento informático, que é constantemente preenchida com novas entradas; para efeitos do projeto, os resultados são guardados em ficheiros XML, mas esta base de dados também pode ser configurada como uma base de dados SQL. Para utilizar apenas a versão mais recente dos dados pesquisados, cada entrada na base de dados tem um carimbo de data/hora, indicando a hora e a data exactas da entrada.

Limpeza de dados

Este é o segundo nível do projeto, que recebe ficheiros XML ou registos da base de dados inicial como entrada e continua a limpar a informação para obter detalhes de propriedade relevantes que são depois inseridos na base de dados final. Enquanto segundo nível, interage com o primeiro nível através da base de dados inicial e com o nível "criação de mensagens" através do painel de propriedades da base de dados final.

Esta unidade é composta por 4 elementos principais: o Limpador de Dados, a base de dados intermédia, o Extrator de Propriedades e a área de propriedades da base de dados final.

Limpador de dados: é o componente que executa os muitos subprocessos necessários para limpar as informações. Embora este componente tenha sido originalmente concebido para ser criado utilizando técnicas e software de limpeza de dados pré-implementados, é escrito em Java e executa o seu próprio algoritmo, especificamente concebido para o paradigma OXAlert. As características incluem: Deteção de elementos inválidos/danificados, limpeza de strings, remoção de duplicados e compressão de informação. Este componente pode ser adaptado a qualquer tipo de dados de entrada, XML ou outros, e gera ficheiros pseudo-XML, um ficheiro para cada oferta de propriedade relevante, como saída.

Base de dados intermédia: é a componente em que são armazenados os resultados da limpeza dos dados e que serve também de fonte de dados para o Extrator de Bens; é uma base de dados permanente num servidor departamental, que é constantemente alimentada com novas entradas. Todas as entradas têm a forma de ficheiros pseudo-XML, cada um dos quais contém todos os pormenores relevantes para uma determinada propriedade. Os ficheiros são nomeados de acordo com o número de propriedades identificadas até à data e têm um carimbo de data/hora para indicar quando foram criados.

Extrator de propriedades: este componente lê os dados dos pseudo-ficheiros XML na base de dados intermédia e, com base no seu conteúdo, preenche a tabela "Propriedade" na base de dados de propriedades MySQL final. Cria instruções de inserção SQL que dependem do conteúdo de cada pseudo-ficheiro XML e também verifica a integridade dos dados de propriedade antes de os inserir na base de dados. Este componente também é escrito em Java e pode inserir dados a um ritmo extremamente elevado, sendo facilmente adaptado para extrair qualquer outro tipo de dados (dependendo do domínio atual).

Base de dados final - domínio dos bens: a base de dados final armazena os ficheiros finais dos bens e os dados dos utilizadores; é uma base de dados MySQL permanente localizada num servidor do departamento de TI. O domínio da propriedade está localizado na tabela "Propriedade", que é constantemente preenchida com novas entradas pelo Extrator de Propriedade. Este componente serve igualmente de fonte para o sistema de mensagens, estabelecendo assim a ligação entre a segunda e a terceira camadas do OXAlert. Tal como anteriormente, este componente pode conter dados sobre todos os tipos de elementos e não apenas sobre propriedades.

Criar mensagens

É o terceiro nível do projeto, responsável pela criação e envio de mensagens com os dados dos objectos correspondentes a cada utilizador na base de dados OXAlert (o texto das mensagens enviadas e o endereço para o qual são enviadas dependem exclusivamente do conteúdo da base de dados final, que representa os objectos disponíveis e as especificações do utilizador). Como terceiro nível, interage com o segundo nível através da base de dados de bens e com o nível "interação com o utilizador" através da base de dados de utilizadores, enviando mensagens de correio eletrónico aos utilizadores.

Esta unidade é composta por 3 elementos principais: o sistema de mensagens, a parte do utilizador da base de dados final e o servidor de mensagens.

Sistema de mensagens: é a componente que cria o conteúdo das mensagens electrónicas que são depois enviadas aos utilizadores do OXAlert. Para cada utilizador da base de dados final, este componente lê os seus parâmetros e cria uma consulta SQL que selecciona as propriedades adequadas. Em seguida, determina o endereço do destinatário pretendido e o conteúdo da mensagem de correio eletrónico que este utilizador deve receber - esta informação é transmitida ao servidor de correio eletrónico. Este componente é escrito em Java e comunica com a base de dados final através do "connectorJ".

Base de dados final - secção "utilizadores": esta é a segunda tabela-chave da base de dados final, nomeadamente a que contém as propriedades das contas dos utilizadores (criadas e modificadas através da interface do utilizador no sítio Web). Serve simultaneamente de destino e de fonte de informação para o sítio Web (através do servidor Web) e de fonte de informação para o sistema de correio eletrónico.

O servidor de correio: este componente envia as mensagens de correio eletrónico propriamente ditas aos utilizadores que criaram contas no sítio Web OXAlert e definiram as suas preferências. Com base no conteúdo que recebe do sistema de mensagens, envia mensagens com o conteúdo correspondente para o endereço especificado em intervalos regulares. Este componente funciona continuamente num servidor de serviços e constitui a ligação entre o terceiro e o último nível do projeto OXAlert.

<u>**Interação com o utilizador**</u>

Constitui o quarto nível do projeto e é responsável por fornecer uma interface visual que permite a vários utilizadores interagir com o projeto OXAlert através de um navegador Web, bem como criar e modificar os dados dos utilizadores na base de dados final. Como último nível, interage com o terceiro nível através da base de dados de utilizadores e com os utilizadores reais através do sítio Web.

Esta unidade é constituída por 2 elementos principais: o servidor Web e o sítio Web.

O servidor Web: é o componente que aloja o sítio Web e todos os outros serviços Web utilizados pela OXAlert; funciona continuamente e está localizado num servidor no departamento de TI. Funciona também como ligação entre a tabela "Utilizadores" da base de dados final e o sítio Web, permitindo aos utilizadores ver os dados da sua conta, alterar informações e até eliminá-los.

O sítio Web: é a interface do utilizador no servidor Web que interage efetivamente com os utilizadores através de um navegador Web. Esta componente permite aos utilizadores criar uma conta e definir as suas preferências de artigos (propriedades). Escrito em Ruby on Rails, fornece um portal moderno para consultar as últimas informações sobre as actualizações do OXAlert, comunicar com os criadores do projeto OXAlert e, sobretudo, criar e personalizar uma conta. Quando um utilizador cria uma conta ou altera as suas definições, os pedidos correspondentes são enviados para a base de dados final através do servidor Web, sendo então efectuadas as alterações correspondentes. Também trata dos pormenores básicos de segurança, como a encriptação da palavra-passe e a separação dos direitos dos utilizadores.

Os pormenores mais precisos sobre o funcionamento e a interação destes componentes são apresentados nos dois capítulos seguintes.

4.2 Interação com o utilizador

Em qualquer projeto informático de grande escala, a interação entre pessoas e computadores desempenha um papel extremamente importante. A interação entre as pessoas (utilizadores) e um programa informático pode, por vezes, ser o fator decisivo que determina o sucesso ou o fracasso de todo o projeto. Dado que a Internet se tornou a principal fonte de informação do mundo e que qualquer recurso acessível ao público pode ser utilizado por um grande número de utilizadores, a criação de um sítio Web que funciona como a janela do OXAlert para o mundo é a escolha ideal.

Dado que uma das características fundamentais do OXAlert é facilitar a interação entre indivíduos e mercados verticais (no nosso caso, o imobiliário), a interface do utilizador é um elemento-chave que deve ter em conta os desejos expressos pelos utilizadores no inquérito acima mencionado. O sítio tem de ser um portal moderno que permita aos utilizadores navegar facilmente pelos conteúdos, criar contas, definir as suas preferências em termos de ofertas imobiliárias e receber e-mails relevantes. Uma vez que o OXAlert está em constante atualização, deve ser escalável e facilmente integrado nas funções actuais do projeto. Deve também conter uma base de dados de utilizadores totalmente funcional e permitir a separação dos direitos dos utilizadores.

Com base nestes factos e nas informações recolhidas no inquérito aos utilizadores, os principais objectivos que o sítio Web deve servir são os seguintes

- *Acessibilidade global:* o sítio Web deve ser acessível em qualquer momento, a partir de qualquer parte do mundo e por um grande número de pessoas ao mesmo tempo;

- *Uma interface de utilizador adequada:* o OXAlert deve oferecer uma interface de utilizador moderna que permita aos utilizadores criar e personalizar totalmente os dados da sua conta;

- *Robustez e rapidez:* o sítio Web não deve conter quaisquer elementos defeituosos, como ligações quebradas, e deve concluir as suas tarefas num prazo razoável;

- *Integridade dos dados:* o projeto deve ser capaz de garantir a integridade dos dados armazenados;

- *Segurança:* o programa deve proteger os dados dos utilizadores contra o acesso não autorizado, permitindo simultaneamente que cada pessoa tenha pleno acesso às suas próprias informações;

- *Simplicidade:* a interface Web deve conter instruções claras, ser fácil de utilizar e atractiva para o utilizador;

- *Separação de privilégios:* o programa deve gerir e aplicar claramente os direitos de cada indivíduo;

- *Actividades de administração:* O projeto deve fornecer aos administradores e designers um meio de informar os utilizadores sobre as últimas actualizações e características do sítio;

- *Comunicação entre o utilizador e o administrador*: o sítio deve permitir que os utilizadores contactem os administradores se algo correr mal ou se quiserem fazer sugestões;

- *conceção inteligente:* a estrutura da interface do utilizador deve ser escalável e eficiente;

Com base nas reacções específicas do inquérito aos utilizadores, o aspeto visual do sítio deve ser atraente, simples e não distrativo. As animações desnecessárias, os clips de som irritantes ou as imagens de fundo repetitivas são evitados em favor de uma estrutura robusta que se concentra no conteúdo informativo que o utilizador precisa de ver. Como o sítio deve estar sempre acessível e comunicar com outros componentes, é armazenado num servidor onde se encontra também a base de dados final.

Embora a conceção final esteja adaptada ao sector imobiliário, os princípios subjacentes podem ser aplicados a qualquer mercado vertical. O Capítulo 6 descreve a forma exacta como todos os requisitos de conceção são cumpridos, as informações sobre as tecnologias utilizadas e uma panorâmica geral da interface.

4.3 Notificação aos utilizadores

De acordo com o velho ditado "se experimentares, vais gostar", podemos confirmar que a eficácia do OXAlert pode ser avaliada através da análise das mensagens que envia aos utilizadores registados. Embora o OXAlert disponha de técnicas inovadoras de extração de informações e de limpeza de dados, o utilizador final só estará interessado nos objectos (no nosso caso, ofertas imobiliárias) sobre os quais é informado.

Dado que a maior parte dos utilizadores da Internet dispõe de um endereço de correio eletrónico, a notificação de novas casas compatíveis por correio eletrónico é a opção mais lógica e eficaz. Desta forma, os utilizadores podem não só estudar cuidadosamente os dados, mas também lê-los e transmiti-los quantas vezes quiserem, sem terem de estar ligados à Internet no momento em que as mensagens são enviadas. O único requisito é que tenham um servidor de correio eletrónico em funcionamento, que o departamento de TI pode fornecer sem qualquer problema. Tanto o endereço do destinatário como o próprio conteúdo das mensagens de correio eletrónico dependem diretamente das definições do utilizador e das características correspondentes aos critérios de seleção.

Com base na estrutura das newsletters que muitas empresas de sucesso enviam aos seus subscritores, as mensagens de correio eletrónico da OXAlert são compostas por 3 partes principais:

- **Introdução**: as mensagens têm uma introdução que dá formalmente as boas-vindas ao utilizador
  e apresenta-lhes um breve resumo dos resultados;

- **Parte principal**: todas as mensagens electrónicas têm uma parte principal que contém as ofertas de imóveis, claramente separadas e explicadas;

- **Fim**: as mensagens contêm uma observação final de agradecimento ao utilizador e também um pouco de
  Informações sobre futuras actualizações do programa;

Tal como todos os outros componentes, o sistema de notificação do utilizador é escalável e adaptável, sendo o conteúdo das mensagens estritamente dependente do conteúdo da base de dados. O texto dos e-mails que os utilizadores recebem é criado através de uma estrutura geral que é preenchida com os factos relevantes sobre os itens (neste caso, imóveis) que correspondem aos critérios da pessoa.

Para evitar o envio de demasiadas mensagens e, consequentemente, incomodar um utilizador registado ou, pior ainda, correr o risco de ser classificado como spam, o programa está configurado para criar e enviar mensagens uma vez por semana. Ao analisar a data em que um objeto (um imóvel) é adicionado à base de dados, o programa evita enviar várias vezes a mesma oferta de imóvel a uma pessoa e envia apenas informações sobre novas aparições no mercado. Se não existirem novos imóveis que correspondam exatamente às suas preferências, o programa não envia ao utilizador um e-mail com zero resultados, mas selecciona e envia as ofertas que mais se aproximam dos seus critérios de filtragem (acompanhadas de um texto que explica que não existem atualmente imóveis que correspondam a 100% às suas preferências).

Para mais pormenores sobre este componente, consultar o Capítulo 6.

<h1 style="text-align:center">Capítulo 5
OXAlert: Extração e limpeza de dados</h1>

5.1 Invólucros OXPath

O OXAlert utiliza wrappers escritos na linguagem OXPath para extrair dados de sítios Web do sector imobiliário. Trata-se de scripts que podem ser compilados e executados, iniciando um processo que combina a navegação automática na página e a extração de dados.

A estrutura de um invólucro OXPath pode ser vista como uma mistura de acções simuladas do utilizador e a recuperação de certas partes do conteúdo textual. Nesta linguagem, as acções são especificadas declarativamente com tipos de ação e elementos contextuais, por exemplo, ligações para clicar ou campos de formulário para preencher. O ponto de partida para o desenvolvimento de scripts que extraem dados de sítios Web é, portanto, a imitação manual das acções que permitem a um utilizador navegar por todos os imóveis disponíveis num sítio Web imobiliário, combinada com a identificação dos pormenores mais importantes a extrair de cada página de imóvel.

O inovador iterador Kleene-star do OXPath permite-lhe criar scripts que definem automaticamente os dados correctos para o filtro de imóveis, navegam por todas as páginas de resultados e abrem cada oferta de imóvel.

Com base no inquérito aos utilizadores, os detalhes de um imóvel que são considerados relevantes para um utilizador (e que podem ser visualizados):

- *a ligação exacta para a* oferta original do imóvel;

- *Tipo de* imóvel (para venda/aluguer) ;

- *o título de* propriedade ;

- *o preço do* imóvel ;

- *descrição do* bem;

- *o número de divisões* de uma propriedade (devido à forma como os sítios Web de propriedades no Reino Unido fornecem informações, são analisadas as seguintes categorias de divisões: quartos, casas de banho e salas de estar);

- *uma descrição do* bem e *dos* muitos elementos que contém;

- ***ligações para imagens relacionadas com a*** aparência do imóvel;

- ***os dados de contacto e o endereço eletrónico*** da pessoa responsável pela venda/aluguer do imóvel;

- ***A localização do imóvel*** e as suas várias características: geolocalização (ligação ao Google Map), dados de contacto, endereço, código postal e características próximas;

A fim de otimizar o tempo de extração e adaptar facilmente a estrutura do envelope a cada domínio vertical, o principal método de extração de dados consiste em identificar a etiqueta ou div (na página Web) que contém a informação correspondente, indicar um caminho válido para a mesma, extrair o conteúdo pretendido, identificar a próxima etiqueta ou div relevante e regressar ao primeiro elemento de raiz comum e repetir o processo. Isto não só garante que o extrator efectua o menor número possível de operações, como também evita processos para os quais o OXPath tem problemas de estabilidade e desempenho.

A navegação de ida e volta é efectuada utilizando os comandos XPath normais, bem como os métodos inovadores "ancestral" e "descendente" oferecidos pelo OXPath. Para obter determinados pormenores com o mínimo possível de dados em excesso, são utilizadas funções de processamento de cadeias de caracteres como "string-before" ou "normalize-space". Como nem todas as descrições de propriedades têm a mesma estrutura, são também utilizados operadores booleanos, como o método "contains", para determinar a presença de certos pormenores. A Figura 6 apresenta um extrato de um script OXPath.

Outra grande caraterística do OXPath é a capacidade de apresentar os resultados de diferentes formas, quer como texto simples, quer como documento XML estruturado, quer como entradas numa base de dados. Depois de analisar os métodos de armazenamento propostos, um armazenamento do tipo XML parece ser o mais adequado, pois permite a criação de uma estrutura em árvore que contém todas as informações relevantes sobre uma propriedade, de uma forma lógica e facilmente legível (do ponto de vista humano e da máquina). Além disso, como Java lida bem com entidades abstractas como as árvores, seria mais fácil desenvolver posteriormente uma forma de o programa OXAlert analisar os dados de entrada para um caso mais geral, e não apenas para os dados de propriedades. Por último, é fácil ver uma semelhança entre a estrutura lógica de um wrapper OXPath (que armazena o texto recolhido em nós) e uma árvore XML, pelo que o quadro de extração utilizado pelo OXAlert pode ser facilmente adaptado a dados de qualquer mercado vertical.

Para tornar os resultados facilmente comparáveis para cada aplicação, é criado um ficheiro XML para cada propriedade. O elemento de raiz dos ficheiros chama-se "<property>". Cada ficheiro de propriedade contém as seguintes etiquetas: <link>, <type>, <title>, <price>, <rooms>, <information>, <images>, <contact>, <location>.

- ***A etiqueta <link>*** contém uma única linha de texto que representa a ligação através da qual os pormenores da propriedade podem ser encontrados no sítio de origem;

- *A etiqueta **<type>*** contém informações sobre o tipo de oferta, ou seja, se se trata de uma oferta de venda ou de aluguer e se já foi feita uma oferta ;

- *A etiqueta **<title>*** contém o título mais visível da página, ou seja, o elemento mais visível do cabeçalho, considerado pelos projectistas do sítio como uma espécie de título;

- *A etiqueta **<price>*** contém o texto que descreve o preço do imóvel exatamente como está indicado no sítio. Isto significa que por vezes se trata de um preço fixo, por vezes de um preço indicativo e por vezes de uma renda mensal ou semanal. Estes e muitos outros problemas de incompatibilidade de dados foram eliminados e os meios utilizados para o conseguir são descritos na secção "Limpeza de dados" do documento;

- *A etiqueta **<rooms>*** não tem conteúdo textual próprio, mas até três sub-tags, nomeadamente <bedrooms>, <bathrooms> e <receptions>, cada uma das quais indica o número exato de quartos desse tipo específico ;

- *A etiqueta **<Information>*** não tem conteúdo textual próprio, mas várias sub-tags <Description>, cada uma das quais contém alguns pormenores sobre o imóvel provenientes de diferentes partes da página da oferta. Na maioria dos casos, a maior parte dos factos sobre o imóvel está num único local, pelo que deve haver uma etiqueta <Description> com mais conteúdo do que as outras;

- *A etiqueta **<images>*** não tem conteúdo textual próprio, mas várias sub-tags <image>, cada uma das quais contém uma ligação a uma das imagens apresentadas na página do edifício ;

- *a etiqueta **<contact>*** não tem conteúdo textual próprio, mas várias sub-tags <contact_information> que contêm informações sobre a pessoa de contacto ou a empresa responsável pela gestão do imóvel. Além disso, na maioria dos casos, existe também uma sub-marcação <contact_email> que separa claramente o pormenor de contacto mais importante, nomeadamente o e-mail, para que o utilizador o possa identificar facilmente e entrar em contacto com o representante;

- *A etiqueta **<location>*** não tem conteúdo textual próprio, mas até 4 sub-tags. A primeira, <geolocation>, contém o link para o Google Map (ou um link semelhante) que mostra a localização exacta do imóvel. Todos os sítios de imóveis que explorámos têm alguma forma de mapa online, razão pela qual este campo está presente em quase todas as ofertas de imóveis. Na etiqueta <address>, são registados o nome da rua, o número da porta, a cidade ou o estado do imóvel, se existirem. Diferentes sítios Web são mais ou menos detalhados no que diz respeito à componente "morada" e, para alguns, está completamente ausente, pelo que nem todas as entradas têm esta sub-tag. O mesmo se aplica à etiqueta <Código postal>, que contém, se possível, o código postal do local de residência, por extenso ou abreviado. Por último, a etiqueta <nearby> contém dados sobre locais turísticos importantes ou estações de autocarros e comboios próximas.

```
doc("http://www.scottfraser.co. uk")
```

```
//field()[@name='search-type']/{"To Rent" /}
//field()[@name='such-area']/{"Witney Sorrounds" /}
//field()[@name='search-bedrooms']/{click/}
//field()[@name='_submit']/{click/}

(//td.next[1]/a[1]/{click/})*
   //div[@class='propertyTitle']/{click/}

    //div[@id='wrapper'] : "propriedade ?

            [? ./ancestor::*[not(./parent)]//head//link[@rel='canonical'] //@href:<link=normalize-space(.)>
                ]

            [? ./ancestor::*[not(./parent)]//div[@class='propertyTitleWrapper'] //h3: "title=normalize-
                space(.)>]

            [? ./ancestor::*[not(./parent)]//div[@class='property-showcase']
                //div[@class='propertyPrice']:<price=normalize-space(.)? ]

            [? ./ancestor::*[not(./parent)]//div[@id='propertywrapper']:<rooms>
                [ ? .//div[@class='propertyypage-features'] : "bedrooms=normalize-space(substring-before
                            (substring-after(normalize-space(.), 'Bedrooms '), '|'))> ]
                [?    .//div[@class='propertyypage-features']:<bathrooms=normalize-space(substring-before
                            (substring-after(normalize-space(.), 'Bathrooms '), '|'))> ]
                [ ?  .//div[@class='propertypage-features']  :  "receptions=normalize-space  (substring-
                            after(normalize-space(.), 'Receptions '))> ]
            ]

            [? ./ancestor::*[not(./parent)]//div[@id='propertywrapper']: "information?
                [? .//div[@class='property-page-text'] :
                        <Description=normalize-space(substring(., 1, string-length(.)-80))>]
            ]

            [? ./ancestor::*[not(./parent)]//div[@id='propertyCarouselWrapper'] : "images ? [? ,//a//@src :
                "image=normalize-space(.) ?]
            ]

            [? ./ancestor::*[not(./parent)]//div[@id='property-team-member']: "contact?
                [? .//ul//li[position() "last()]: "contact_information=normalize-space(.)?
                [ ? .//parent::*//li//@href : "contact_email=normalize-space(.) ? ] ] ]
            [? ./ancestor::*[not(./parent)]//ul[@id='lettingDetailMenu']:<localização ? [ ?
                .//li[@class='map']//a/@href : "geolocation=normalize-space(.)?]]
            ]

            [? ./ancestor::*[not(./parent)]//div[@id='wrapper'] : "rented=string
                (count(./ancestor::*[not(./parent)]//div[@id='propertylmg']//img//@class)?0) ? ]
```

<u>**Figura 9: Exemplo de um wrapper OXPath**</u>

Embora o formato de ficheiro XML seja especificamente concebido para o processamento de informação sobre propriedades, as técnicas de extração descritas na primeira parte desta secção podem ser aplicadas a absolutamente qualquer tipo de dados e a estrutura do ficheiro XML pode ser adaptada a qualquer formato desejado por um futuro utilizador.

5.2 Limpeza de dados

O algoritmo de limpeza de dados utilizado pelo OXAlert foi concebido como um quadro totalmente personalizável, capaz de efetuar diferentes operações de limpeza de informação nos dados de entrada. Inclui várias fases, cada uma das quais executa uma tarefa específica com base em determinadas regras dependentes do conteúdo (no nosso caso, o conteúdo é representado por dados de propriedade).

Eliminação de dados redundantes/incompletos - Uma vez que a estrutura dos dados imobiliários recuperados pelo OXPath é uniforme (tal como descrito na secção anterior), o algoritmo de limpeza de dados deve começar por identificar todos os dados imobiliários válidos (a partir das entradas da base de dados criadas pelos invólucros) e guardá-los em ficheiros XML separados, um ficheiro por anúncio imobiliário. Durante este processo, os dados incompletos ou os ficheiros XML danificados podem ser facilmente identificados, e todos os ficheiros que contenham pouca ou nenhuma informação sobre uma oferta imobiliária são ignorados. Os critérios pelos quais isto acontece são claramente separados numa parte do código dependente do conteúdo e podem ser adaptados a qualquer tipo de dados de entrada.

Estruturação dos dados de entrada (estrutura em árvore) - Para tornar o algoritmo de limpeza de dados escalável, é necessário ter em conta várias fontes futuras possíveis de dados de entrada. Por este motivo, é definida uma estrutura abstrata (classe Java), que contém os dados elementares relevantes (propriedades) de uma forma uniforme, independentemente do formato de entrada. É utilizada uma estrutura em árvore devido às suas muitas vantagens e à multiplicidade de linguagens de programação que utilizam este tipo de construções. É totalmente personalizável, os seus elementos podem ter qualquer número de filhos e os seus nós contêm dois tipos de informação: uma etiqueta de cadeia de caracteres e o conteúdo real da informação do tipo <T>. Para o nosso tipo específico de informação de entrada, nomeadamente ficheiros de propriedades XML, é utilizada uma subestrutura conhecida como "árvore de propriedades" para armazenar os detalhes de cada propriedade. Esta árvore tem um formato muito semelhante ao dos ficheiros XML que contêm dados de propriedades, e apenas os seus nós de folha contêm informações (em cadeia) sobre a propriedade. A Figura 5 mostra uma representação da árvore de propriedades e todas as futuras técnicas de limpeza de informação serão aplicadas a esta estrutura.

Limpeza das cadeias de caracteres - A fase seguinte do algoritmo é a limpeza das cadeias de caracteres. Inclui todas as operações efectuadas no conteúdo da cadeia da árvore de características, a fim de tornar os dados das características mais compreensíveis de um ponto de vista humano, mas também para aumentar a semelhança entre eles. A poda dos caracteres redundantes é a base da fase de limpeza da cadeia. As descrições de propriedades de muitos sítios Web contêm uma série de caracteres não-ascii, espaços supérfluos e sinais de pontuação adicionais, que têm de ser removidos utilizando os mecanismos avançados de manipulação de cadeias de caracteres de Java. A estrutura das ligações Web e a capitalização incorrecta serão corrigidas. Para dar a cada árvore de propriedades uma estrutura semelhante, as informações contidas em todos os nós possíveis de "descrição", "informações de contacto" e "imagem" são combinadas num único nó. Embora as operações efectuadas pelo OXAlert nesta etapa dependam do conteúdo, a conceção desta parte é independente do conteúdo e permite ao programador determinar que funções de transformação de cadeias de caracteres devem ser aplicadas a uma parte específica dos dados da árvore.

Uniformidade do formato dos dados - A forma como o preço, a localização geográfica e o número do quarto são indicados varia de sítio para sítio. Por vezes, o preço de um apartamento para venda é apresentado como um único número, outras vezes como "£12.000" ou "£12.000" e ainda outras vezes contém caracteres adicionais, como "£12.000 Guide". Todos estes formatos (e outros) são normalizados num formato completo que mostra o preço do imóvel em libras. Os alojamentos arrendados representam um desafio maior, pois alguns apresentam um preço por dia, outros por semana ou mês. Por conseguinte, todos os preços de aluguer são escalonados para mostrar o preço em libras por mês para essa propriedade (também como um número inteiro). Cada sítio Web tem uma ligação para o Google Map que contém a latitude e a longitude (localização) do imóvel. Devido aos diferentes formatos que um link do Google Map pode ter, determinar as coordenadas exactas e correctas para cada propriedade (como um valor duplo) requer o processamento de cadeias de caracteres.

O número do quarto é o mais difícil de obter. Embora o OXPath seja um programa de extração da Web incrivelmente eficiente, sofre de algumas das limitações do XPath. Além disso, muitos sítios Web não apresentam as divisões de uma propriedade de forma uniforme (a maioria dos sítios Web lista o número de quartos, casas de banho e áreas de estar de cada apartamento numa secção separada, mas para alguns a descrição da propriedade tem de ser analisada para encontrar esta informação). Como resultado, por vezes há entradas como "um quarto", "um quarto", "casa de banho familiar", "segunda sala de receção", etc. que têm de ser interpretadas para determinar o número exato de divisões. Para tal, são utilizados métodos avançados de manipulação de cadeias de caracteres, que analisam cuidadosamente todos os diferentes tipos de representações de cadeias de números de divisões, a fim de obter um extrato inteiro que represente o número de quartos, casas de banho e salas de receção de cada propriedade (quando aplicável).

Operações finais - São então realizadas algumas operações adicionais, como a extração do código postal de um imóvel a partir do seu título (quando o OXPath não o permite a partir do sítio Web do imóvel) e a correção de ligações Web (uma vez que o sinal "&" é substituído por "& ;" quando extraído pelo XPath).

O programa pode agora continuar a deduplicar os dados.

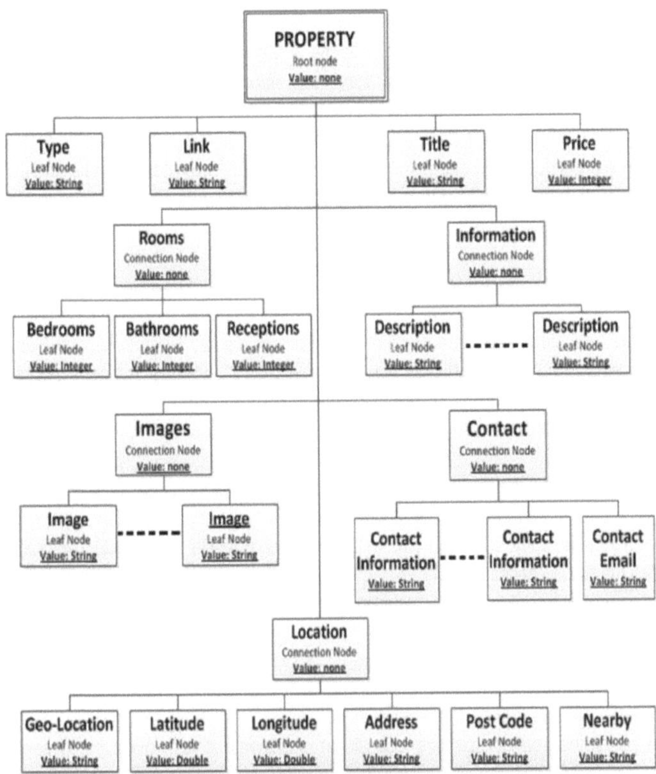

Figura 10: A estrutura da árvore de propriedades

5.3 O algoritmo de deteção de propriedades duais

Como já mencionámos, um elemento essencial do projeto OXAlert é a sua capacidade de detetar elementos duplicados (no nosso caso, propriedades). Esta é uma parte muito importante do processo de limpeza de dados, uma vez que não só são eliminados os dados redundantes, resultando numa base de dados mais compacta, como também se evita que os utilizadores sejam incomodados com resultados duplicados irritantes. Um dos problemas fundamentais na limpeza de dados é determinar se duas representações são duplicadas, ou seja, se correspondem ou não à mesma entidade real.

Há dois factores principais que tornam este empreendimento um grande desafio.

Grande número de propriedades - Devido ao grande número de propriedades oferecidas para arrendamento ou compra na área de Oxfordshire, o OXAlert tem de processar dezenas de milhares de entradas, um facto que reforça a necessidade de um algoritmo de comparação de propriedades eficiente, capaz de processar uma quantidade tão grande de dados num período de tempo razoável.

Conteúdo variado - Há muitas formas de os diferentes sítios Web imobiliários apresentarem informações sobre as propriedades disponíveis. Todas as agências locais, como a "Scott Fraser" ou a "Martin & Co", têm a sua própria forma de apresentar informações sobre um determinado imóvel. Consequentemente, alguns dos imóveis anunciados em diferentes sítios podem coincidir, mas o conteúdo das suas páginas Web pode ter uma estrutura muito diferente. Além disso, os dados também são obtidos por agregadores, alguns dos quais adaptam completamente as informações originais sobre imóveis dos sítios Web locais a um modelo fixo (como "Chancellors"), enquanto outros mantêm certas características da fonte original (como "Right Move").

Para gerir com êxito os problemas acima referidos, o algoritmo de limpeza de dados baseia-se numa série de métricas que são combinadas para criar uma "pontuação de diferença" (indicando o "grau de diferença") que, em última análise, determina se dois anúncios são verdadeiramente semelhantes. O algoritmo foi concebido para identificar semelhanças entre ofertas imobiliárias com base nas características únicas da estrutura da árvore imobiliária (descrita nos capítulos anteriores), na forma como os sítios Web do sector imobiliário apresentam o seu conteúdo e nas características de um edifício real.

A deteção de duplicados envolve a comparação de árvores de propriedades, cada uma correspondendo a uma entrada na base de dados de propriedades, calculando um valor de semelhança entre as duas e rejeitando completamente uma delas se for considerada semelhante. Desta forma, evitam-se comparações futuras desnecessárias entre outras propriedades e propriedades duplicadas. Além disso, o algoritmo está configurado para verificar cada par de árvores de propriedades apenas uma vez.

Este processo envolve várias fases:

Verificação das condições de eliminação :
Como há certos pormenores que classificam claramente dois imóveis como semelhantes ou diferentes, estes são os primeiros a ser analisados.

Comparação de atalhos - O primeiro elemento a ter em conta é o atalho da propriedade. Os atalhos são fáceis de comparar porque são apenas cadeias de caracteres e se houver dois atalhos exatamente semelhantes, as duas propriedades são idênticas sem necessidade de verificar qualquer outro pormenor na árvore de propriedades. Assim, se forem encontradas duas ligações idênticas, a entrada de propriedade menos recente é eliminada.

Comparação dos tipos de imóveis - Se os tipos de oferta não coincidirem, se um imóvel for oferecido para venda e o outro para aluguer, trata-se claramente de dois imóveis diferentes.

Correspondência de endereços - Se os endereços de duas propriedades não forem semelhantes, geralmente não se pode considerar que coincidem. No entanto, devido ao diferente nível de pormenor oferecido por cada sítio Web de imóveis, pode haver alturas em que não haja informações disponíveis sobre o endereço e o código postal de um imóvel, enquanto noutras alturas os dados podem estar incompletos. Assim, mesmo que não seja possível determinar se dois imóveis coincidem devido a informações de endereço semelhantes, é possível identificar claramente ofertas diferentes. Se as duas propriedades tiverem um código postal e os códigos postais tiverem o mesmo comprimento (em alguns casos, pode haver o código postal completo, como OX1 3KL, e noutros casos apenas parte do código postal, como OX1), as habitações, se não coincidirem, devem ser distinguíveis. A utilização do comprimento do código postal como fator evita que duas propriedades semelhantes sejam classificadas como diferentes demasiado depressa. O mesmo se aplica aos endereços de imóveis - se tiverem o mesmo comprimento mas conteúdo diferente, as ofertas não são semelhantes. Além disso, se as descrições dos endereços tiverem menos de metade das palavras em comum (nome da rua, cidade, etc.), é seguro assumir que se trata de imóveis diferentes.

Comparação de divisões - A árvore de propriedades também pode conter informações claras sobre o número de divisões específicas (quartos, casas de banho e áreas de estar) que certas propriedades têm. Assim, se duas propriedades tiverem um número claramente identificado de divisões de um determinado tipo, mas esses números diferirem, podem ser consideradas claramente diferentes.

Comparação de sítios - Cada sítio Web apresenta as coordenadas geográficas (geralmente num mapa do Google) dos imóveis em causa. No entanto, devido à codificação diferente dos sítios, as coordenadas exactas diferem por vezes ligeiramente. Por conseguinte, é calculada uma pequena margem de erro e, se dois imóveis não estiverem na mesma zona, considera-se que são diferentes com base na sua latitude e longitude (e margem).

Cálculo do "valor diferencial" :
A fase seguinte do algoritmo é a mais complicada, mas também a mais definitiva. Se o algoritmo ainda não tiver a certeza do estatuto de duas ofertas, os restantes dados que podem ser comparados são representados pelo preço, título e descrição dos imóveis. Com base nestes dados, é calculado um "valor diferencial", que indica a diferença entre os dois imóveis.

Comparação de preços - devido à multiplicidade de ofertas e às flutuações do mercado, duas ofertas não podem ser consideradas diferentes pelo simples facto de os preços não coincidirem totalmente; pode acontecer que um agente imobiliário tenha negociado um preço melhor. Além disso, pode acontecer que, quando são consultados novos dados, o mesmo imóvel reapareça com um preço diferente. É por isso que é calculada uma pontuação com base no grau de diferença entre os preços (o valor varia entre 0, o que significa que os preços são semelhantes, e um valor máximo, que representa uma diferença superior a 50%).

Comparação de títulos - Ao comparar títulos de propriedades, é impossível determinar se dois anúncios são completamente semelhantes ou diferentes devido às muitas formas como os diferentes sítios Web intitulam os seus anúncios. Alguns sítios utilizam o nome da casa como título, enquanto outros utilizam um modelo como "X room house/apartment/flat for sale/rent". Tal como anteriormente, é calculado um "valor diferencial" entre os títulos. Não só são comparados diretamente como cadeias de caracteres, como também é calculada a percentagem de palavras em comum e a distância de Levenshtein entre eles (o número mínimo de processos necessários para transformar uma cadeia de caracteres noutra). Isto dá uma imagem clara do grau de semelhança entre os títulos. Também aqui, as árvores de propriedades recebem um número de pontos que varia de 0 a um máximo, consoante o seu grau de diferença. Esta pontuação é calculada tendo em conta o facto de os anúncios de imóveis em diferentes sítios Web com títulos semelhantes terem mais probabilidades de serem semelhantes do que aqueles com títulos semelhantes no mesmo sítio Web (dependendo da forma como cada empresa codifica o seu formato de título).

Comparação de descrições - Este é o último pormenor a ser comparado; é provável que as descrições de propriedades semelhantes sejam muito diferentes, dependendo do sítio Web de onde provêm, pelo que são utilizadas métricas avançadas para determinar um valor de diferença. Primeiro, são comparadas como simples cadeias de caracteres; depois, é calculado o número de palavras que têm em comum (como uma percentagem do número total de palavras). Talvez a parte mais inovadora do algoritmo envolva a verificação de pares de palavras incompatíveis nas duas descrições (palavras incompatíveis são termos que dificilmente estarão presentes na descrição da mesma propriedade, como "apartamento" e "vivenda"). [st]Os pares de sinónimos são definidos num ficheiro (por exemplo, "1 andar" = "primeiro andar" = "O PRIMEIRO ANDAR"; "rés do chão" = "andar de baixo", etc.), bem como as listas de pares de sinónimos incompatíveis (por exemplo, se a descrição de um bem contém o termo "apartamento", isso significa que se trata de um apartamento e, portanto, é diferente de um bem cuja descrição contém "mansão"). Se as descrições de dois imóveis contiverem pares de termos incompatíveis, são consideradas muito diferentes, mesmo que tenham um número considerável de palavras em comum (podem ter em comum termos como "porta", "janela", "casa de banho", etc., mas serem duas ofertas diferentes pela razão acima mencionada). Por fim, é calculado um valor de semelhança entre 0 e um valor máximo.

Veredicto - Uma vez calculados todos os pontos, é atribuída uma pontuação global, composta proporcionalmente pela pontuação do preço, pela pontuação do revestimento e, finalmente, pela pontuação da descrição. Se esta pontuação for inferior a um determinado limiar (determinado experimentalmente), isso significa que as duas ofertas não contêm elementos suficientes para serem consideradas diferentes e que, por conseguinte, devem promover o mesmo imóvel. Neste caso, a oferta mais recente é aceite e a outra é rejeitada. Existem algumas excepções a esta regra, que serão analisadas na secção de avaliação deste trabalho.

Embora o algoritmo seja especificamente concebido para identificar elementos de propriedade duplicados, o código separa claramente as partes dependentes e independentes do conteúdo e fornece um modelo que pode ser adaptado a qualquer tipo de dados, modificando os métodos e critérios de avaliação apropriados. Para mais informações, consulte o Capítulo 8.

5.4 Compressão de dados

Uma vez concluída a desduplicação dos dados, o algoritmo deve comprimir os dados de propriedade, preservando a legibilidade e a integridade dos dados. Uma vez que a informação tem de ser armazenada numa base de dados, não faz sentido transformá-la num arquivo que tem de ser descomprimido para análise dos dados reais, resultando num trabalho extra desnecessário. Além disso, os ficheiros de propriedades devem ser armazenados num formato não volátil, facilmente acessível e distinguível (seria preferível que estivessem num formato legível por humanos).

Outro fator a ter em conta é que nem todas as propriedades têm o mesmo conteúdo informativo. Por exemplo, algumas propriedades podem não ter informações precisas sobre os números dos quartos, enquanto outras podem não ter um e-mail de contacto. Por este motivo, não é possível remover as etiquetas XML dos atributos da propriedade. A opção lógica é guardar o novo conteúdo da propriedade num formato de ficheiro que retenha as informações textuais propriamente ditas (como a descrição, o título, as ligações entre imagens), reduzindo simultaneamente o número total de caracteres necessários para apresentar todo o ficheiro da propriedade.

É utilizado um formato de ficheiro pseudo-XML. Neste ficheiro, os atributos de uma propriedade (como a descrição, o título, etc.) continuam a aparecer entre as etiquetas (por exemplo, <tag>...</tag>), mas não têm a estrutura de árvore complexa dos ficheiros de propriedades XML mais antigos (o que poupa espaço). Uma vez que as etiquetas têm de ser abertas e fechadas para representar os dados em cada ficheiro, o programa determina o nome curto ideal da etiqueta (tão curto quanto possível, sem coincidir com outra etiqueta curta) para todas as etiquetas (por exemplo, <title> tornou-se <ti> e <type> tornou-se <ty>), poupando caracteres preciosos para cada ficheiro, o que poupa novamente espaço de memória.

Além disso, como as propriedades têm várias imagens representadas por ligações, o prefixo e o sufixo comuns mais longos para estas ligações são determinados e escritos uma vez no ficheiro, com uma indicação de etiqueta correspondente (por exemplo, <p_im> para a imagem de prefixo). Tentou-se fazer o mesmo para outros tipos de entradas, mas não foi possível determinar um prefixo relevante ou lógico. Um exemplo de um ficheiro pseudo-XML é apresentado na Figura 7. A principal vantagem deste estilo de compressão é que os pormenores de cada propriedade permanecem facilmente acessíveis, não há sobrecarga e a informação é armazenada de uma forma que pode ser lida e compreendida por um ser humano.

Este método de compressão permite poupar cerca de 20% do espaço de armazenamento inicial. Os ficheiros pseudo-XML são a fonte a partir da qual o "Extrator de bens" extrai informações e as insere na base de dados de bens MySQL com a qual o sítio Web OXAlert comunica.

```
<propriedade>
<da>28-06-2012 03:31:57</da>
<ty>Está mesmo esgotado</ty>
<li>http://www.wwagency.com/property-in-oxford/Bagley-Wood-Rd-Kennington-
OX1/280</li> <ti>Bagley Wood Rd, Kennington OX1</ti> <pr>1295000</pr> <be>6</be>
<ba>3</ba>
<en>Uma substancial casa de família eduardiana isolada com espaço para modernização
e melhoria, aninhada em jardins encantadores e bosques que se estendem por mais de
cinco acres na orla de Bagley Wood.
Esta bela moradia eduardiana, que provavelmente data de 1903, está rodeada pelos
seus próprios jardins e terrenos encantadores, incluindo uma extensa floresta que se
estende por mais de cinco hectares no total. A casa tem estado na mesma família há
muitos anos e oferece agora um grande potencial para modernização, melhoramento e
possível extensão, desde que sejam obtidas as autorizações necessárias. É composta
por um grande hall de entrada, uma sala de receção formal com acesso ao jardim, uma
sala de jantar, uma grande cozinha familiar com uma útil despensa e uma outra sala
atualmente utilizada como escritório, seis quartos bem proporcionados divididos
entre o primeiro e o segundo andares, dois dos quais com casa de banho privativa,
uma outra casa de banho familiar, duas casas de banho no andar de baixo, um telheiro
```

de jardim com ponto de eletricidade e uma entrada de garagem em gravilha com espaço para vários veículos, incluindo uma garagem.

A casa está situada adjacente a Bagley Wood, que se estende por cerca de 500 hectares no total e ainda é propriedade do St. John's College. John College. As comodidades locais estão perto da aldeia de Kennington, enquanto a propriedade está idealmente situada para a Chandlings Manor School.

O centro da cidade de Oxford fica a cerca de 3 milhas de distância, enquanto os utilizadores da estrada têm fácil acesso à A34 M40 em direção a Londres e ao West Country.</en> <im>http://www.wwagency.com/i_up/280_1306848506.jpg</im>

<coin>O representante do vendedor para esta propriedade é Edward Parkinson, ligue para o nosso escritório em Oxford de segunda a sexta-feira 8am 7am Sat 9am 3am em 01865 246 100</coin> <ge>http://maps.google.co.uk/maps/ms?msa=0&msid=212120645941580332592.00048bf85e378813e7cfd&gl=uk&hl=en&ie=UTF8&ll=51.712339 -1.258256&spn=0.00581,0.019205&z=168iwloc=00O4a4942e81387695270&output=embed</ge> <la>51.712339</la> <lo>-1.258256</lo>

<ad>Bagley Wood Rd, Kennington OXl</ad> <po>OXl</po> </property>

<u>Figura 11: Exemplo de um ficheiro pseudo-XML</u>

Capítulo 6
Sistema do utilizador final como serviço de notificação

6.1 Ruby on Rails: a melhor escolha para sítios Web dinâmicos

Um sítio Web é definido como um conjunto de páginas Web coerentes, contendo conteúdos como texto, imagens, vídeo ou áudio, alojadas em pelo menos um servidor Web e acessíveis através de uma rede como a Internet ou uma rede local privada, por meio de um endereço Internet conhecido como Uniform Resource Locator. No entanto, a janela do OXAlert para o mundo deve ir mais longe: deve oferecer um portal Web moderno que permita aos utilizadores interagir facilmente com o sistema, criar uma conta, definir as suas preferências e obter as informações de que necessitam. É por isso que o sítio Web tem de ser criado numa linguagem de programação que não só possa executar facilmente todas as tarefas mencionadas no Capítulo 4, como também possa criar uma apresentação atraente, implementar normas de segurança rigorosas e integrar uma base de dados MySQL.

São analisadas várias tecnologias para o ajudar a fazer a melhor escolha:

Linguagens de scripting :

HTML - Uma página Web HTML simples com **elementos** CSS e **JavaScript** pode oferecer uma interface de utilizador adequada, mas não cumpre os requisitos de segurança, uma vez que não dispõe de procedimentos adequados de encriptação e de separação de privilégios. Além disso, a integração com a base de dados MySQL só pode ser conseguida através de vários plug-ins que oferecem muito pouca escalabilidade. Problemas semelhantes surgem quando se tenta utilizar **AJAX** ou **Flash**.

PHP - Esta linguagem foi concebida para o desenvolvimento de sítios Web dinâmicos e possui um grande número de funcionalidades, mas também tem muitos problemas de estabilidade e a escalabilidade dos programas escritos nesta linguagem é limitada.

Quadros de aplicações Web :

O Drupal oferece um ambiente fácil de utilizar, com muitos plug-ins existentes e uma vasta gama de funcionalidades. No entanto, foi concebido como um CMS em que os editores podem gerir um sítio Web em conjunto, o que difere do nosso paradigma de múltiplos administradores mas um único designer. Além disso, o Drupal é escrito em PHP e pode apresentar problemas de estabilidade.

Django e Helium são estruturas avançadas, mas carecem de certas ferramentas essenciais, como a capacidade de especificar facilmente um design bonito e funções de segurança adequadas.

Também lhes falta estabilidade e escalabilidade, uma vez que utilizam PHP e apenas suportam a integração de bases de dados MySQL. Por último, alguns dos pontos fortes apresentados, como as traduções multilingues e a facilidade de implementação móvel, não são de grande importância para o nosso projeto.

Helma e Flex, estruturas baseadas em ECMAScript, fornecem todos os elementos de que o sistema do utilizador final necessita, mas a sua forte dependência do JavaScript e do ActionScrip dificulta a integração automática com alguns dos outros componentes e coloca problemas em caso de pequenas alterações de conceção.

O Ruby on Rails é uma estrutura de aplicações Web de código aberto de pilha completa que permite aos programadores recolher informações do servidor Web, modificar ou consultar uma base de dados, bem como um método avançado de apresentação de modelos. Além disso, baseia-se na linguagem de programação Ruby, que é totalmente dinâmica, elegante, poderosa, fácil de ler e concisa, uma vez que é "mais poderosa do que Perl e mais orientada para os objectos do que Python"; as aplicações criadas com Ruby requerem menos código e são mais fáceis de manter (do que as suas equivalentes em PHP ou Perl).

Figura 12: Logótipo do Ruby on Rails
(de http://rubyonrails.org/)

A estrutura Rails tem a vantagem de integrar todas as funcionalidades, o que evita a necessidade de ficheiros de configuração complicados. Além disso, é de código aberto, implementa convenções de configuração, aborda muitas questões de segurança e oferece um ambiente de programação de fácil utilização e compreensão, utilizando o paradigma modelo-visão-controlador e oferecendo mapeamento objeto-relacional.

Existem muitos tutoriais disponíveis para ajudar os programadores a compreenderem melhor como funciona o Ruby on Rails, e estão disponíveis para descarregar muitos fragmentos de código e aplicações totalmente funcionais. A linguagem tem a vantagem de ser independente da plataforma, o que significa que o mesmo código pode ser executado num sistema operativo Windows, Linux ou OSX. Além disso, todos os requisitos do OXAlert podem ser facilmente satisfeitos por uma aplicação criada com esta estrutura.

Devido a estas muitas vantagens, Ruby on Rails é a linguagem ideal para conceber o sistema de utilizador final OXAlert.

6.2 Funcionalidade do sítio Web

Para garantir a acessibilidade permanente da aplicação, esta encontra-se num servidor do serviço informático, que foi configurado de forma a poder executar todas as aplicações e linhas de fundo necessárias ao projeto. A conceção global do sítio deve fornecer aos utilizadores todos os dados de que necessitam sem os sobrecarregar com demasiada informação de uma só vez. Para se adaptar a cada mercado vertical, uma parte do conteúdo deve ser gerada em função das propriedades dos elementos da base de dados a tratar.

Para responder a estes requisitos, um contentor principal (no centro da página), que funciona como suporte do conteúdo principal, é acompanhado por um cabeçalho e um rodapé que contêm várias imagens com os logótipos dos vários grupos e organizações que apoiam o OXAlert, bem como uma barra lateral com as últimas notícias sobre as actualizações do projeto. A página inicial do programa é apresentada na Figura 9.

As 4 páginas iniciais a que um utilizador pode aceder (através de uma barra de navegação) são "Home", "About us", "Contact" e "Login".

- **A página "Home"** contém uma mensagem de boas-vindas e instruções iniciais sobre a utilização de todas as funções do OXAlert; o administrador pode também publicar aqui notícias sobre as últimas novidades do projeto.

- **A página "Sobre nós"** contém uma grande quantidade de informações sobre a conceção do programa, bem como instruções importantes sobre a criação e modificação de contas de utilizador.

- **A página "Contacto"** contém uma ligação para o sítio Web DIADEM, que fornece mais informações sobre os projectos, bem como um endereço de correio eletrónico que permite aos utilizadores contactar os criadores/administradores do sítio se algo correr mal ou se tiverem sugestões úteis.

- **A página "Iniciar sessão" destina-se aos** utilizadores que já criaram uma conta para iniciarem sessão, e é também onde pode criar uma conta se ainda não tiver uma.

Assim que um utilizador inicia a sessão, aparecem três novas páginas na barra de navegação: "Perfil", "Definições" e "Utilizador".

- Na **página "Perfil",** uma pessoa pode ver o nome e o ícone da sua conta. O Ruby on Rails tem um método inovador chamado 'Gravatar', que permite que o avatar de um utilizador seja definido de acordo com a sua conta online, tal como indicado pelo seu endereço de correio eletrónico (por exemplo, se um utilizador tiver um endereço de correio eletrónico do Yahoo, o seu avatar corresponderá ao do seu perfil do Yahoo).

- Na **página "Definições"**, cada utilizador pode alterar as suas várias definições e também solicitar mensagens de correio eletrónico instantâneas; um extrato desta página é apresentado na Figura 10.

- na **página "Utilizadores"**, que só é acessível aos administradores com sessão iniciada, um administrador pode ver todos os utilizadores do sítio e pode eliminar as suas contas

As informações que um utilizador deve fornecer incluem detalhes de início de sessão, alguns pequenos detalhes pessoais e preferências de propriedade.

Os dados de acesso são constituídos por um nome de utilizador, uma palavra-passe e um endereço de correio eletrónico. O nome de utilizador é o nome pelo qual uma pessoa será conhecida pelos outros utilizadores deste sítio. O endereço de correio eletrónico é o destino das mensagens de correio eletrónico com ofertas de imóveis.

A palavra-passe, que tem de ser confirmada quando é criada por razões de segurança, é transformada em hash e apenas o valor resultante é armazenado numa base de dados. Desta forma, mesmo um administrador não pode ver a palavra-passe real introduzida por um utilizador, tornando o sítio compatível com as boas práticas de segurança. Os dados pessoais consistem apenas no nome próprio, apelido e idade e são armazenados de forma segura na base de dados (apenas as pessoas com acesso direto à base de dados e ao utilizador em causa os podem ver, garantindo assim a proteção da privacidade do utilizador).

Os principais elementos a configurar são *os dados relativos às preferências imobiliárias*. Estes dados baseiam-se nos resultados do inquérito aos utilizadores e na estrutura das informações extraídas dos sítios Web imobiliários. A primeira escolha que um utilizador faz em relação ao seu imóvel preferido é o tipo de contrato que procura: pode estar à procura de uma casa para comprar, de uma casa para arrendar ou de ambas. Em seguida, escolhe o tipo de imóvel e o preço que está disposto a pagar (o preço de venda ou o aluguer mensal). O passo seguinte é selecionar a região desejada, onde o utilizador pode introduzir uma sub-região de Oxfordshire, o nome de uma cidade, um endereço ou mesmo um código postal. Tanto para o tipo de propriedade como para a região, o utilizador pode introduzir várias opções, separadas por vírgulas.

Quartos e pontos de referência - Uma caraterística inovadora oferecida pelo OXAlert que a maioria dos outros motores de busca de imóveis não tem é a possibilidade de definir uma vasta gama de tipos e números de quartos para o imóvel pretendido. Pode definir o número mínimo ou exato de quartos, casas de banho e áreas de estar que o imóvel deve ter. Também pode optar apenas por imóveis que incluam uma cozinha e um jardim. Por fim, pode definir o tipo de atracções turísticas que lhe interessam: Quando um imóvel é encontrado, os pontos de interesse próximos são identificados e o utilizador é notificado em conformidade.

Liberdade de escolha - se o utilizador ainda não tiver tomado uma decisão completa, pode deixar alguns campos em branco, para que não sejam acrescentadas condições adicionais. Por exemplo, se não preencher o tipo de imóvel, será selecionado qualquer imóvel que cumpra todos os outros requisitos, quer se trate de um apartamento, condomínio, vivenda, etc. Quando as contas são criadas ou modificadas, as consultas adequadas acedem à base de dados dos utilizadores e efectuam as alterações necessárias. A fim de fornecer resultados imediatos aos utilizadores, estes podem, se o desejarem, ver imediatamente ou receber um e-mail correspondente com ofertas de imóveis relevantes.

Sugestão de imóveis semelhantes - Outra caraterística inovadora do OXAlert é a sugestão de imóveis semelhantes se não for encontrada nenhuma oferta que corresponda exatamente aos critérios de pesquisa do utilizador. Neste caso, em vez de criar um e-mail sem dados relevantes, as preferências do utilizador são analisadas e determinadas condições (por exemplo, localização ou número mínimo de imóveis) são alargadas para encontrar possíveis imóveis que satisfaçam estas novas condições menos rigorosas. O grau de modificação das preferências do utilizador depende da rapidez com que é encontrado um número adequado de objectos; o processo começa por eliminar os parâmetros booleanos, ou seja, aqueles que impõem um número fixo de quartos de um determinado tipo (tornam-se um número mínimo). Se não for encontrado nenhum objeto válido, os filtros de localização e de tipo são ignorados. Por fim, o preço máximo é aumentado e o número mínimo de quartos é aumentado. No entanto, estas operações não modificam os parâmetros do utilizador enquanto tal, mas apenas resultam numa alteração temporária do pedido de seleção. Além disso, o utilizador é avisado de que os seus critérios actuais não são satisfeitos por nenhum objeto, e o programa indica as pequenas diferenças entre os objectos propostos e as condições iniciais do utilizador.

Controlo de acesso - Graças ao mecanismo de "sessão", o sítio pode seguir os utilizadores à medida que estes se ligam e desligam e definir facilmente as permissões de segurança necessárias para cada conta, para que as informações confidenciais não caiam nas mãos erradas. Além disso, vários utilizadores podem aceder ao sítio ao mesmo tempo, sem risco de sobreposição de conteúdos ou dados. O sítio também permite que as pessoas com direitos administrativos vejam e apaguem contas de utilizadores. Desta forma, é mais fácil eliminar contas falsificadas ou maliciosas, que podem afetar negativamente o desempenho do sítio e a segurança dos dados dos utilizadores.

O Ruby on Rails permite que todas as operações acima sejam realizadas da melhor forma possível, separando claramente o conteúdo de cada página do seu layout e funcionalidade, e oferecendo uma série de opções simples para garantir a integridade e sincronização dos dados.

Figure 13: OXAlert Home Page

Modificar o seu perfil

Clique aqui para ver o conteúdo da mensagem eletrónica que irá receber

Leia as instruções na página Sobre nós **antes de continuar.**

Nome do utilizador (só pode conter letras, números e sublinhados) **Administrador**

Endereço de correio eletrónico daniilconstantin@yar>oo.   com|

Palavra-passe (deve ser preenchida, mesmo que apenas os parâmetros do perfil sejam alterados)

Confirmar a palavra-passe (deve ser preenchida, mesmo que apenas os parâmetros do perfil sejam alterados)

Nomes próprios

K onstanti n

Apelido Daniil

Idade (a sua idade em anos) 23

Comprar ou alugar (escolher a opção na lista pendente) **alugar** ▼

Tipo de imóvel requerido (separar os tipos com vírgulas, deixar em branco se não tiver nenhum) **Casa, apartamento**

Área pretendida em Oxfordshire (separar as áreas pretendidas por vírgulas, deixar em branco se não tiver nenhuma) **Oxford**

Preço mínimo/renda mensal (deixe O se preferir que não haja preço mínimo) |33

Preço máximo/aluguel mensal (deixar O se não quiser especificar um preço máximo) sooo

Número mínimo de quartos (deixar O se não tiver preferência) 1

Número exato de quartos? vf

Número mínimo de casas de banho (deixar O se não tiver preferência) [1]

Número exato de casas de banho?

Número mínimo de recepções (deixar O se não tiver preferência) °.

Número exato de recepções? _|

O imóvel tem de ter uma cozinha?

O imóvel tem de ter um jardim? *36* **Exibir imóveis já vendidos/alugados?** |

Assinale o tipo de atracções turísticas próximas em que está interessado:
Estações de caminho de ferro vj Linhas de autocarro Hospitais ... i **Escolas V Universidades**

6.3 Interação entre o sítio Web e outros componentes

Tanto o sítio Web como as partes do OXAlert implementadas em Java comunicam com a base de dados final (que contém os utilizadores e as propriedades) através de scripts SQL. Estes permitem selecionar, modificar e apagar dados de acordo com as várias tarefas que o programa tem de realizar. Para garantir uma comunicação óptima e escalável entre os vários componentes do projeto e a base de dados MySQL, os dois componentes, criados em Java e Ruby on Rails, utilizam estruturas de informação abstractas para realizar esta tarefa.

Estrutura do programa Java - Em Java, uma superclasse chamada DataBaseObject é estendida sempre que uma subclasse precisa de se ligar ao repositório. Isto normaliza as normas através das quais a interação tem lugar e dá ao designer uma visão lógica do papel respetivo de cada componente no programa. Existem também classes para utilizadores e propriedades na base de dados, cada uma com um número correspondente de atributos dos tipos apropriados. Isto, por sua vez, ajuda a distinguir entre a estrutura em árvore (árvore de propriedades), que tem sido utilizada para trabalhar com dados de entrada independentes do conteúdo, e os elementos da base de dados de propriedades, que são utilizados para manipular objectos da base de dados dependentes do conteúdo.

Funções adicionais - A separação acima mencionada permite integrar preferências avançadas do utilizador, independentes da estrutura da árvore do imóvel, como o desejo de uma cozinha ou de um jardim. Esta informação é difícil de extrair utilizando wrappers, uma vez que não é apresentada numa secção específica, mas pode ser simplesmente mencionada na descrição. A extração desta informação com OXPath exigiria um processamento de texto extremamente delicado, como a procura da palavra "jardim", assegurando ao mesmo tempo que não faz parte da construção "sem jardim". Isto pode ser feito muito facilmente através da análise de elementos da base de dados imobiliária em Java.

Atracções turísticas próximas - Ao recolher dados sobre as estações de comboios e autocarros circundantes de Oxfordshire (nome, localização/percursos de autocarros, etc.) e outras atracções turísticas importantes (hospitais, escolas, etc.) e ao armazená-los num ficheiro, o programa é capaz de identificar as principais atracções turísticas nas proximidades da propriedade. Uma classe Java interpreta os dados relativos aos diferentes tipos de pontos de interesse a partir de ficheiros com uma estrutura específica (que podem ser facilmente preenchidos com dados), compara esses dados com a localização do imóvel e selecciona os mais próximos.

Em resumo, foram implementadas as seguintes funções adicionais inovadoras:

- **Deteção de cozinhas**: o programa detecta se o imóvel em questão tem pelo menos uma cozinha;

- **Reconhecimento do jardim**: o programa reconhece se a parcela indicada tem um jardim;

- **Deteção avançada de quartos:** *o* projeto determina se o imóvel tem pelo menos um ou dois quartos/casas de banho/recepções, procurando a palavra-chave "quarto"/"quartos", etc. no

  Descrição ou título (mesmo que a capa não indique claramente a presença deste tipo de espaços)
  ;

- **Deteção de estações de autocarro/comboio próximas**: OXAlert descobre quais as estações e paragens de autocarro próximas do apartamento selecionado e informa os utilizadores em conformidade;

- **Identificação de pontos de referência próximos**: A aplicação identifica determinados locais de interesse nas proximidades (hospitais, escolas, etc.) e alerta os utilizadores em conformidade;

O Ruby on Rails oferece uma funcionalidade semelhante. Utilizando comandos padrão "rake", a tabela de utilizadores pode ser modificada alterando simplesmente os seus parâmetros no código, e o seu conteúdo pode ser facilmente modificado através da interface no sítio Web. Além disso, o paradigma modelo-visão-controlador e a validação automática oferecidos pelo Rails tornam o acesso aos dados rápido, simples, escalável e em conformidade com as técnicas de programação ágil.

Olá, Constantin!

Encontrámos 11 imóveis que correspondem aos seus critérios.
São apresentadas a seguir informações mais pormenorizadas sobre os diferentes programas.

CHIPPING NORTON, OXFORDSHIRE

Este imóvel já não está disponível ou à venda.

Esta propriedade pode ser alugada por £595 por mês.

Pode ver a oferta inicial de imóveis aqui

Este imóvel tem 1 quarto, 1 casa de banho, 1 sala de receção.

Uma descrição do imóvel:
Fantástica casa de um quarto na procurada área de Chipping Norton com cozinha totalmente equipada.
Hall de entrada | Cozinha | Sala de receção | Quarto | Casa de banho | Jardim | Estacionamento | Aquecimento central a gás

Pode encontrar um mapa que mostra a localização da propriedade aqui

Para mais informações, contactar
Ligue-nos para o 01608 642044 Aluguer em Chipping Norton

Para mais informações, enviar uma mensagem de correio eletrónico para: chippingnorton.lettings@chancellors.co.uk

Eis algumas fotografias da propriedade

Aqui estão alguns pontos de referência úteis nas proximidades:

As 3 estações mais próximas que conseguimos identificar são
Charlbury, situado em West Oxfordshire
Kingham, que fica em West Oxfordshire
Shipton, que se situa em West Oxfordshire

As universidades mais próximas que conseguimos identificar são

Oxford University, Oxford, com um programa de estudos com várias disciplinas e admissão internacional, em www.ox.ac.uk/

Oxford Brokes, em Oxford, com um programa de estudo de várias disciplinas e admissão internacional, em www.brookes.ac.uk/

Capítulo 7
Avaliação

7.1 Eficácia da extração e limpeza dos dados

Um passo importante em qualquer processo de desenvolvimento de software é o teste e a avaliação do desempenho, um processo através do qual podem ser identificados e corrigidos muitos erros ou padrões de conceção não optimizados. Graças à sua arquitetura em vários níveis, o OXAlert tem a vantagem de poder ser testado como um sistema global, permitindo ao mesmo tempo a análise dos seus componentes individuais. Uma vez que não existem programas diretamente concorrentes, os resultados da avaliação derivam principalmente de medições intrínsecas.

Extração - A extração de dados pôde ser efectuada de forma mais eficiente após o último patch OXPath. O número médio de propriedades extraídas numa hora é superior a 300, o que significa que todos os sítios Web relevantes podem ser totalmente rastreados em menos de alguns dias. Os scripts enviam um pedido de página aproximadamente a cada 12 segundos, o que representa um atraso razoável e ntre acessos sucessivos a um determinado sítio (sem ser confundido com um atacante). Além disso, isto deixa tempo suficiente para completar as outras partes do algoritmo, uma vez que os e-mails têm de ser enviados aos utilizadores uma vez por semana. Alguns sítios Web tendem a ter grandes problemas de estabilidade ou entradas incompletas, pelo que são rastreados em último lugar e só é feito um número limitado de tentativas. No total, podem ser introduzidas cerca de 90% das ofertas de imóveis disponíveis. A base de dados é preenchida todas as semanas com mais de 4 000 novas entradas de mais de 10 sítios Web. A figura 16 mostra um gráfico que analisa a percentagem total de recuperações.

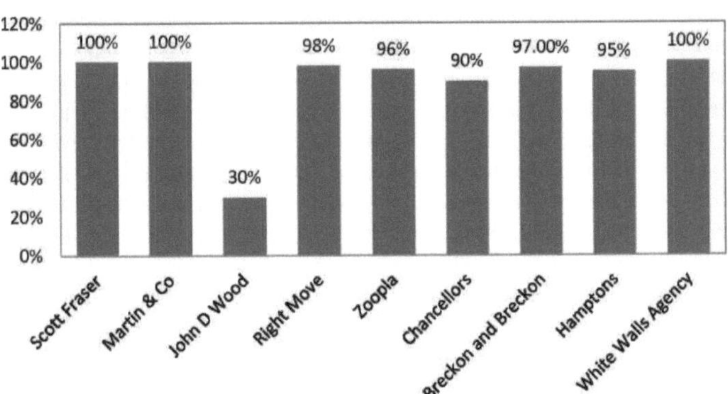

Figura 16: Percentagem de dados recolhidos por cada sítio Web

A fim de obter uma visão geral das informações disponíveis nos sítios Web sobre imóveis, foi

65

também analisado o conteúdo das fichas dos imóveis e a presença de vários pormenores é ilustrada na Figura 17.

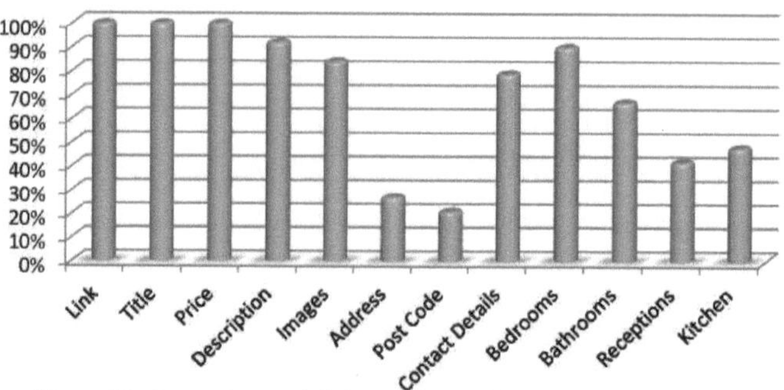

Figura 17 - Percentagem de informação nos ficheiros de propriedade

Deduplicação - A deduplicação foi testada com toda a base de dados, que contém milhares de ofertas de imóveis, acrescentando alguns duplicados mais ou menos óbvios, a fim de destacar os pontos fracos. Inicialmente, a lista de termos incompatíveis não foi incluída e o limiar de semelhança foi bastante elevado. Cerca de 10% dos imóveis considerados semelhantes eram, de facto, ofertas diferentes, e 8% dos verdadeiros duplicados foram omitidos. Posteriormente, o limiar foi reduzido e as subavaliações mudaram ligeiramente, resultando na omissão de menos de 2% dos imóveis duplicados, mas num aumento de 5% no número de imóveis erradamente considerados idênticos.

Durante esta fase, foi analisado um grande número de erros e foi encontrado um modelo. O algoritmo tinha sido configurado para assinalar como semelhantes todos os grupos de características com um "valor de diferença" inferior ou igual a um valor-limite definido. No entanto, após uma análise cuidadosa de muitos dos casos incorretamente assinalados como duplicados, verificou-se que, em muitos casos, se tratava de situações em que as propriedades tinham alguns atributos idênticos (por exemplo, preço ou título), enquanto outros atributos eram radicalmente diferentes (as suas "pontuações de diferença" individuais eram extremamente elevadas). Por esta razão, não eram realmente duplicados, mesmo que a pontuação total fosse inferior ou igual ao intervalo desejado. Felizmente, foram encontradas semelhanças suficientes entre estas ofertas para que certas "exceções" pudessem ser adicionadas (ou seja, casos que não correspondiam à norma normal). Isto permitiu que o algoritmo continuasse a ter um bom desempenho nas outras situações, tratando corretamente estes casos especiais. Por exemplo, se duas propriedades tivessem o mesmo título e preço, mas descrições completamente diferentes (e todas as condições de exclusão, como a localização e o número de quartos, fossem cumpridas), seriam normalmente classificadas como semelhantes (porque a pontuação global seria inferior ao limiar especificado); mas devido à forma como os sítios Web de propriedades funcionam (utilizando o mesmo modelo para um título) e porque a descrição é uma parte importante dos atributos da propriedade, este caso foi marcado como uma exceção e todas as ofertas de propriedades em conflito que se enquadravam neste cenário foram classificadas como diferentes. O mesmo aconteceu nos casos em que os preços eram idênticos, os títulos continham as mesmas palavras (mas não eram 100% idênticos) e as descrições eram moderadamente diferentes, ou nos casos em que tínhamos títulos idênticos mas os preços eram muito diferentes.

e descrições que diferiam apenas ligeiramente. De facto, as situações que causaram problemas foram aquelas em que o "valor diferencial" era marginal, mas em que, devido à forma como os sítios Web imobiliários (em especial os agregadores) apresentavam as suas ofertas, as semelhanças reais entre os imóveis eram artificialmente aumentadas.

O tratamento dos casos de exceção (apenas 5 em 64 possíveis) reduziu o número de falsos duplicados para 11%. Por fim, foi introduzida a lista de termos incompatíveis (descrita no capítulo 5), o que permitiu que menos de 3% das propriedades consideradas semelhantes se revelassem diferentes e que quase nenhum duplicado verdadeiro fosse omitido. Tendo em conta a quantidade de dados sobre os quais o projeto está a trabalhar e as limitações dos métodos de comparação de cadeias, este resultado é satisfatório.

O gráfico abaixo ilustra a eficácia de cada adição ao algoritmo, mostrando a percentagem de duplicados correctos e incorrectos encontrados após cada melhoria.

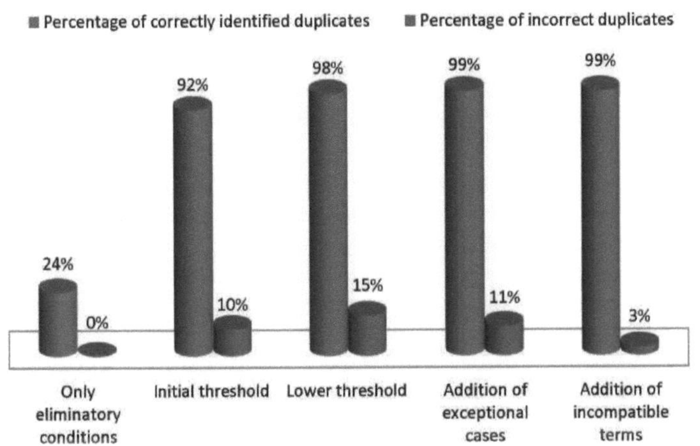

Figure 18 - Desenvolver o desempenho do algoritmo de desduplicação

[2]A complexidade temporal do algoritmo de deduplicação para n entradas é O(1 + 2 + ... +n-1) = O(/ * n * n-1) = O(n). Uma análise mais pormenorizada da complexidade temporal do algoritmo é apresentada na Figura 19. Tendo em conta a quantidade de dados que temos de gerir e a duração desejada entre duas mensagens consecutivas do utilizador, este desempenho é mais do que satisfatório.

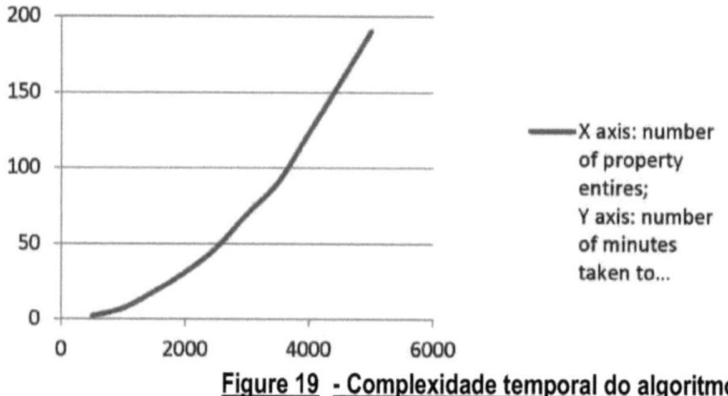

Figure 19 - Complexidade temporal do algoritmo

As outras partes do projeto, como a inserção de propriedades, a seleção de utilizadores e a criação de mensagens de correio eletrónico, demoram muito menos tempo do que as duas primeiras fases, pelo que todo o processo pode ser concluído em menos de três dias (muito menos de uma semana).

7.2 Como é que o OXAlert ajudou a melhorar o OXPath

Uma vez que outro projeto Diadem ("Home Price Prediction", desenvolvido por David Liu) necessitava de dados semelhantes sobre habitação, foram criados em colaboração vários wrappers e os dados adquiridos foram partilhados. Inicialmente, foram extraídas mais de 500 ofertas de imóveis de mais de 10 sítios Web de imóveis. Os invólucros foram testados exaustivamente, realizando uma vasta gama de tarefas, como a navegação automática na página, o preenchimento de formulários, a interação de botões/links e a extração de conteúdos.

Durante esta fase, foram detectados alguns problemas de estabilidade, com a versão original do OXPath a falhar de vez em quando, bem como algumas limitações da linguagem.

Tempo de espera necessário - Ao extrair dados de "John D Wood", o sítio demorava muito tempo a carregar devido à grande quantidade de informação que continha em cada página, pelo que o OXPath nem sempre esperava o tempo suficiente para continuar a extrair os dados. Por conseguinte, foi acrescentada uma função de "espera", tanto depois de uma página ter sido aberta como depois de se ter clicado no botão "Voltar", para dar a cada página tempo suficiente para carregar todos os dados.

Compatibilidade com outras linguagens de script - Ocorreram dois problemas no sítio Web "Chancellors": devido a convenções de nomenclatura incorrectas, a ligação de resultados tinha sempre o mesmo nome "http://www.chancellors.co.uk/Search/Property/SearchResult.aspx", independentemente dos parâmetros de pesquisa, o que tornava extremamente difícil retomar a extração de dados em caso de falha. Além disso, foram necessárias funções avançadas de processamento de cadeias de caracteres para obter o número da sala, uma vez que a única possibilidade era analisar a substring da descrição do objeto entre duas barras horizontais '|', que continha palavras-chave como

"quarto", "casa de banho" ou "recepções". Para resolver este problema, todas as funções de processamento de cadeias de caracteres disponíveis no Xpath 2.0 foram adicionadas ao OXPath. Além disso, foram descobertos alguns pequenos problemas com páginas Web com utilização intensiva de Flash e Java-Script, que faziam com que a estrutura da página Web (e o código real subjacente) fosse diferente quando aberta num navegador normal atual e no Mozilla 3.1 (que o OXPath utilizava originalmente).

Problemas com o navegador - Outro problema era o acontecimento aleatório que fazia com que o OXPath "voltasse" duas vezes em vez de uma quando certos elementos de uma página demoravam demasiado tempo a carregar, ou o risco crescente de bloquear quando várias páginas com imagens e muito texto eram abertas e fechadas em sucessão. Isto tornava quase impossível extrair uma grande quantidade de dados de uma só vez. A solução para este dilema foi encontrada mudando o navegador utilizado pelo OXPath de um navegador visual para o HTMLUNIT, que recupera o código por detrás do sítio e pode facilmente extrair dados utilizando wrappers. Alguns dos scripts existentes tiveram de ser ligeiramente modificados para se adaptarem a esta situação, mas a extração de dados pôde ser feita muito mais rapidamente e sem supervisão.

Testes adicionais - Uma vez concluídas as actualizações, foram extraídos cerca de 4.000 imóveis de sítios Web imobiliários e inseridos na base de dados. A OXAlert ajudou a analisar as principais vantagens e desvantagens das diferentes formas de saída de dados, como a saída em texto simples, a saída em XML (que se revelou a mais prática) e a saída em base de dados. Além disso, foram também criados wrappers para extrair dados estruturados e precisos e armazená-los em ficheiros RDF.

Conclusão - Globalmente, foi introduzido um grande número de melhorias no OXPath durante o desenvolvimento do projeto OXAlert com base nos dados experimentais obtidos. O número de falhas foi reduzido em 70%, a velocidade de recuperação aumentou em 30% e muitas novas funções de recuperação de dados e de processamento de cadeias de caracteres permitiram ao OXPath tratar sítios mais complexos e explorar conteúdos mais precisos. A Figura 20 apresenta uma panorâmica geral.

<u>**Figure 20 - Visão geral do desenvolvimento do OXPath**</u>

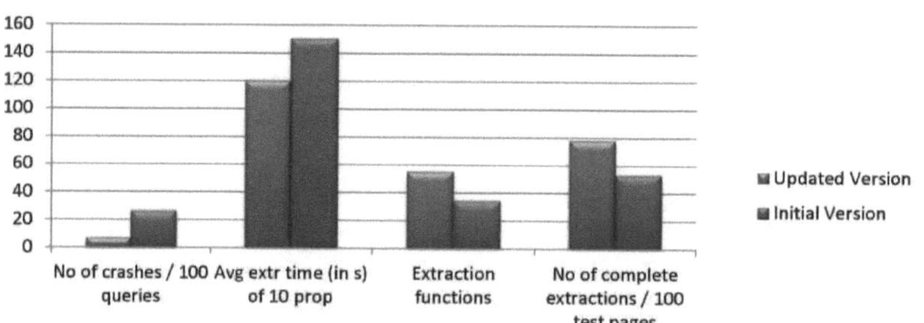

Interface do utilizador e feedback por correio eletrónico

A conceção inicial da interface destinava-se a corrigir as deficiências existentes nos motores de pesquisa imobiliária e a refletir as necessidades dos utilizadores (tal como indicado neste inquérito). Durante a atualização contínua do projeto, todas as alterações ou melhorias introduzidas na interface foram testadas tanto pelos membros da equipa Diadem (pessoas com competências técnicas) como por muitas outras pessoas com competências informáticas diversas. As suas reacções foram analisadas e o OXAlert foi constantemente adaptado às necessidades dos utilizadores. Embora houvesse muitas semelhanças entre a conceção original e a conceção atual, faltavam alguns elementos importantes.

Instruções - Em primeiro lugar, os utilizadores manifestaram o desejo de dispor de instruções mínimas sobre a melhor forma de preencher cada um dos campos de pesquisa, de modo a que os imóveis apresentados correspondessem o mais possível às suas preferências reais. Este pedido foi satisfeito com a inclusão, em várias páginas, de instruções básicas e avançadas sobre a utilização de todas as funcionalidades do sítio.

Página de seleção de parâmetros ambígua - A estrutura da página de parâmetros foi modificada para a tornar mais fácil de utilizar. Foram acrescentadas listas suspensas quando apenas está disponível um número limitado de opções (em vez de solicitar ao utilizador que introduza manualmente uma das opções), os campos booleanos foram tratados por caixas de verificação e, para conveniência dos utilizadores, foram acrescentadas dicas adicionais que explicam brevemente o conteúdo de cada campo.

Comunicação ineficaz entre utilizadores e administradores - Um dos principais problemas inicialmente encontrados era a falta de uma forma adequada de os designers e administradores do sítio comunicarem com os utilizadores e vice-versa. Para resolver este problema, foi acrescentado o painel de mensagens "Últimas notícias", que permite aos administradores enviar mensagens e notícias a todos os utilizadores. Além disso, foi fornecido aos utilizadores um endereço de correio eletrónico que lhes permite contactar diretamente o pessoal para manifestar as suas preocupações, comunicar erros ou fazer sugestões úteis.

O sistema de mensagens também foi melhorado. Embora o conteúdo informativo das mensagens electrónicas fosse adequado, a sua estrutura e acessibilidade não eram as melhores.

Estrutura das ligações - O primeiro grande problema era a forma como as ligações eram apresentadas no corpo da mensagem. A hiperligação inicial para o imóvel, o mapa do Google e as hiperligações para as imagens estavam escritas em texto simples, obrigando o utilizador a copiá-las e colá-las sempre que pretendia obter informações adicionais. Esta situação foi corrigida substituindo-os por elementos "href", que apresentam apenas uma pequena quantidade de texto que pode ser clicado para abrir um novo separador com a ligação correspondente. Além disso, o conteúdo das imagens foi atualizado de modo a ser automaticamente recuperado pelo navegador e apresentado claramente por baixo da descrição do objeto.

Pontos de referência mais bem organizados - Embora os utilizadores quisessem ser informados sobre pontos de referência importantes nas proximidades, a abundância desta informação após cada oferta de imóvel era irritante porque desviava a atenção da oferta em si. Para resolver este problema, foi dada aos utilizadores a oportunidade de selecionar manualmente o tipo de pontos de referência que consideravam importantes e o número máximo de pontos de referência (de um determinado tipo) consultados foi também reduzido (os três mais próximos do objeto).

Possibilidade de ver as mensagens recentes e reenviar as antigas - O sistema foi concebido para recolher dados a intervalos regulares e enviar um e-mail com todos os imóveis relevantes, para evitar incomodar o utilizador com várias mensagens repetitivas que poderiam ser confundidas com spam. No entanto, isto revelou-se por vezes inconveniente, uma vez que as pessoas queriam ver imediatamente o imóvel que correspondia aos seus critérios de seleção. Além disso, como os e-mails podem por vezes ser apagados inadvertidamente, foi proposta a possibilidade de aceder a e-mails antigos. Estes problemas foram resolvidos através da inserção de ligações adequadas no menu do perfil do utilizador para um acesso rápido às funções pretendidas.

Conclusão - Após a adição das funcionalidades melhoradas, a experiência e a satisfação do utilizador melhoraram. Isto prova que, embora um determinado programa possa ser criado para satisfazer todas as especificações que os utilizadores afirmam querer, é apenas durante a fase de teste que as suas verdadeiras necessidades são identificadas.

7.3 Resultados finais

Configuração final - Uma vez efectuadas todas as melhorias em cada subcomponente do OXAlert, parte do código subjacente ao sistema foi ligeiramente modificado para permitir uma adaptação eficiente à conceção final. A base de dados foi então configurada para ser continuamente actualizada a partir de uma variedade de fontes, com limpeza regular dos dados. O sítio Web entrou em funcionamento e o sistema de correio eletrónico foi configurado para enviar lembretes uma vez por semana, permitindo que todo o projeto fosse exaustivamente testado para que pudessem ser introduzidas melhorias finais.

Testes de estabilidade - Foi criado um grande número de contas, cada uma com definições diferentes, constantemente modificadas e actualizadas. Vários utilizadores acederam ao sítio ao mesmo tempo e foram feitas várias tentativas básicas para forçar a segurança. Todos os testes foram bem sucedidos e o programa demonstrou ter a funcionalidade necessária para cumprir corretamente o seu objetivo.

Teste de campo - Uma vez concluída a medição efectiva, foi necessário identificar as aplicações mais semelhantes. Na ausência de concorrentes exactos, a eficácia global do projeto foi comparada com a dos sítios imobiliários locais e dos agregadores regionais correspondentes. Dado que as agências imobiliárias locais dispunham de menos opções de configuração do que os agregadores, foram criadas duas consultas distintas: uma simples, em que apenas se indicava o tipo de arrendamento e a zona, e uma avançada, em que se indicava igualmente o número de quartos e o tipo de imóvel (e que, evidentemente, forneceria imóveis menos adequados). Os resultados foram depois extraídos do OXAlert e de vários sítios Web, e a Figura 21 apresenta uma panorâmica dos resultados.

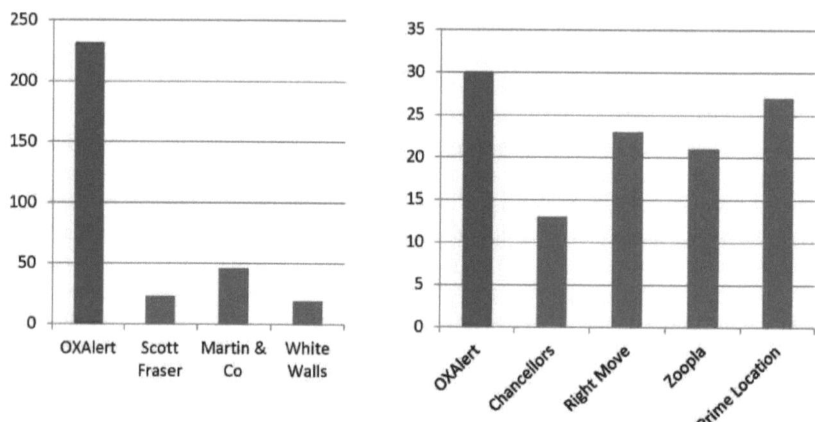

Figura 21 - Vista geral do ensaio de campo do OXAlert

OXAlert oferece também possibilidades únicas, como a possibilidade de indicar a necessidade de uma cozinha ou de um jardim e de escolher entre um número exato ou mínimo de quartos, casas de banho e áreas de habitação. Além disso, o campo "tipo de propriedade" é tão vasto que os utilizadores podem especificar até os mais pequenos pormenores, como o tipo de mobiliário ou a presença de uma garagem.

De um modo geral, o OXAlert passou todos os testes com distinção e provou ser um portal Web moderno, eficaz e fácil de utilizar para o mercado imobiliário de Oxfordshire.

Embora tenha alcançado resultados impressionantes como portal web imobiliário, a principal vantagem do projeto OXAlert é o facto de ter sido concebido como um quadro geral para a análise, limpeza e interpretação de dados para mercados verticais. A estrutura e a arquitetura do projeto oferecem escalabilidade e adaptabilidade, de modo a que as inovações na extração de informação, limpeza de dados, desduplicação e notificação do utilizador possam ser aplicadas a qualquer domínio desejado.

As técnicas de extração de dados podem ser facilmente adaptadas a qualquer domínio. As vantagens da linguagem OXPath fazem dela uma ferramenta ideal para pesquisar conteúdos estruturados. Além disso, o principal princípio de conceção dos wrappers que desenvolvemos foi torná-los tão gerais e rápidos quanto possível. Como resultado, a adaptação de um wrapper a um determinado sítio Web requer alterações mínimas; as únicas partes que precisam de ser modificadas são o caminho (em formato XPath) para os vários elementos a recuperar, os nomes das suas designações e o texto real a recuperar (o que pode ser facilmente conseguido utilizando os muitos métodos de processamento de cadeias de caracteres oferecidos pelo OXPath). O método de armazenamento pode ser selecionado através da alteração de um único parâmetro e a conceção atual da base de dados original torna-se totalmente independente do conteúdo.

O algoritmo de limpeza de dados foi codificado de modo a que os elementos dependentes e independentes do conteúdo sejam claramente separados. A maioria das tarefas envolvidas na eliminação de dados errados e incompletos, na remoção de entradas duplicadas e na compressão de informações pode ser facilmente adaptada para trabalhar com qualquer tipo de entrada. Os únicos elementos que precisam de ser modificados são as condições que tornam um determinado objeto de entrada incompleto (por exemplo, ao introduzir dados de sítios de venda de carros usados, uma oferta deve conter o nome do veículo, o seu ano de construção, a sua quilometragem atual, o seu preço e o vendedor). A parte de "limpeza de cadeias de caracteres" foi concebida como uma estrutura que chama diferentes métodos de processamento de texto para diferentes partes da árvore de dados (que pode ser preenchida com qualquer tipo de dados de entrada), de modo a que, para incluir informações diferentes, seja apenas necessário determinar que funções devem ser chamadas para cada nó de dados específico.

Além disso, ***a adaptação da eliminação de duplicados implica simplesmente a alteração dos critérios segundo os quais duas entradas são consideradas semelhantes*** (as etapas do algoritmo de deteção de duplicados teriam de ser trocadas para responder às necessidades de informação; por exemplo, duas ofertas de seguros seriam consideradas semelhantes se abrangessem os mesmos casos, tivessem o mesmo custo, a mesma duração e fossem oferecidas pela mesma empresa).

A compressão de dados tem a vantagem única de não exigir qualquer modificação, seja qual for o domínio de informação. Detecta automaticamente os nomes de etiquetas e comprimentos de prefixos/sufixos ideais, que garantem uma compressão de tamanho de cerca de 20%, preservando a integridade e a legibilidade (do ponto de vista humano) dos dados.

Os princípios da interface de utilizador do OXAlert adaptam-se a qualquer mercado vertical. Apesar da ausência de um design complexo, qualquer quantidade de dados relevantes susceptíveis de interessar o utilizador médio pode ser facilmente colocada numa das páginas do sítio (cujo conteúdo pode ser editado muito facilmente graças à utilização de Ruby on Rails). Informações básicas sobre a empresa, detalhes sobre o projeto e instruções sobre como utilizá-lo, e dicas sobre as configurações que o utilizador precisa de fazer podem ser adicionadas a páginas web individuais sem a necessidade de modificar a estrutura. Além disso, as funções administrativas e a capacidade de publicar actualizações do projeto e do seu estado atual podem ser utilizadas independentemente da área de mercado vertical que está a ser analisada. As únicas partes que têm de ser modificadas são os parâmetros que o utilizador tem de introduzir. Graças ao paradigma modelo-visão-controlador utilizado pelo Ruby, isto significa simplesmente que a estrutura das tabelas de utilizadores e itens (no nosso caso, propriedades) (atributos e tipos de atributos) tem de ser modificada, seguida da execução de alguns comandos 'rake' simples.

O sistema de mensagens para o utilizador final pode funcionar exatamente da mesma forma, sendo apenas necessário alterar o texto da mensagem. Uma vez que a maior parte do conteúdo é criada com base na estrutura dos elementos da base de dados, só é necessário adaptar os nomes das variáveis e as fórmulas de boas-vindas pré-formuladas.

Além disso, todos os outros elementos da arquitetura do programa não necessitam de qualquer modificação. A forma como funcionam e interagem é completamente independente do conteúdo, pelo que o OXAlert pode ser adaptado e reutilizado para praticamente qualquer sector de mercado vertical.

Capítulo 9
Conclusões e trabalhos futuros

9.1 Cumprir e ultrapassar os objectivos iniciais

Quando este projeto foi originalmente concebido, o seu principal objetivo era criar uma estrutura geral para mercados verticais. Ao fornecer uma arquitetura escalável e multi-camadas, separando claramente os componentes dependentes e independentes do conteúdo, realizando todas as tarefas necessárias para processar mercados verticais - extração de dados, limpeza de informações, estruturação de resultados, interação homem-computador e notificação do utilizador - e introduzindo muitas inovações como uma aplicação imobiliária, o OXAlert não só cumpre todos os seus objectivos originais, como os excede em muitos aspectos.

Incorpora as técnicas existentes mais recentes e eficazes, tanto para a extração/limpeza de dados como para a conceção de sítios Web, e oferece uma interface intuitiva e de fácil utilização com numerosas opções de filtragem. O código explora todas as vantagens do paradigma orientado para os objectos e dos diagramas modelo-visão-controlador e oferece um elevado nível de adaptabilidade.

O grande número de testes realizados indica que o projeto foi um sucesso, uma vez que as ofertas imobiliárias recebidas correspondiam aos critérios do utilizador, não continham duplicados e incluíam a maioria das ofertas seleccionadas manualmente, sublinhando a eficácia do programa como portal imobiliário. O sítio Web funcionou eficazmente e ofereceu todas as funcionalidades necessárias, sendo ao mesmo tempo intuitivo e de fácil acesso.

Apenas algumas correcções de erros extremamente pequenas foram necessárias para atualizar a aplicação **para 163.1.88.69:3000**. Por razões de segurança e porque o projeto está licenciado ao abrigo da licença Diadem, foi decidido restringir o acesso a certos membros da rede Oxford por enquanto, mas a funcionalidade completa pode atualmente ser testada sem quaisquer problemas.

A julgar pelo desempenho global do programa, pela sua utilização bem sucedida no sector imobiliário e pela sua arquitetura eficiente, o OXAlert atingiu e ultrapassou os seus objectivos iniciais. Oferece uma aplicação moderna para as pessoas que procuram imóveis em Oxfordshire e uma estrutura que pode ser facilmente modificada para tratar qualquer tipo de dados de um mercado vertical.

9.2 Possíveis melhorias

A única coisa de que podemos ter a certeza neste mundo é que "a perfeição nunca pode ser alcançada". Até Benjamin Franklin disse na Declaração de Independência dos EUA: "Consideramos estas verdades como evidentes por si mesmas, que todos os homens são criados iguais, que são dotados pelo seu Criador de certos direitos inalienáveis, que entre estes estão a Vida, a Liberdade e a procura da Felicidade" (Declaração de Independência dos EUA). Como podemos ver claramente, ele definiu como um direito inalienável "a busca da felicidade" e não a felicidade em si. A verdadeira felicidade nunca pode ser alcançada, é apenas uma ideia ... A felicidade é apenas uma ideia e, mais ainda, um ideal ao qual os homens aspiram constantemente.

O mesmo se aplica à perfeição. Por muito boa que seja uma coisa, por muito impecáveis que sejam os seus resultados, o facto é que nunca existirá um ser perfeito, um algoritmo perfeito. É o conceito de perfeição que nos leva a melhorar as nossas criações actuais. Embora o OXAlert processe uma grande quantidade de dados, utilize uma série de métricas complexas para limpar a informação e tenha uma interface de utilizador inovadora e adequada, há, como em todos os programas existentes, "espaço para melhorias".

Mesmo que o projeto não seja perfeito, tem a vantagem de ser facilmente adaptável, extensível e aperfeiçoável. A sua arquitetura multi-camadas, a maior escalabilidade dos seus componentes e a separação clara entre as partes dependentes e independentes do conteúdo fazem do OXAlert um oásis com potencial escalável.

Extração de dados abrangente - Embora o OXALERT tenha um grande número de listagens de imóveis em Oxfordshire, não contém todas as listagens de habitações disponíveis de todas as agências locais e respectivos agregadores regionais, nem está configurado para as extrair. É necessário criar e executar wrappers adicionais para recolher dados de todas as fontes relevantes e fornecer aos utilizadores um repositório abrangente que lhes dê uma visão geral correcta de todas as propriedades na área de Oxfordshire que correspondam aos seus critérios.

Deteção inteligente de duplicados - O algoritmo de deteção de duplicados pode ser modificado para ter inteligência artificial em vez de utilizar um conjunto predefinido de operações e critérios de comparação. Utilizando técnicas de aprendizagem e um conjunto adequado de dados de treino, o algoritmo pode ser melhorado, aumentando a percentagem de duplicados correctos encontrados e diminuindo o número de falsas detecções. Além disso, se surgirem pormenores adicionais, a aprendizagem automática pode prever a melhor forma de os comparar e integrar facilmente esta nova informação no processo existente.

Deteção automática de localização - Outro melhoramento poderia assumir a forma de deteção automática de códigos postais e endereços. Dado que todos os sítios Web imobiliários oferecem alguma forma de ligação de geolocalização que pode indicar as coordenadas do imóvel, a OXAlert poderia incorporar técnicas da Google ou de empresas semelhantes que oferecem reconhecimento de códigos postais e endereços com base no nome ou nas coordenadas de um imóvel. Com esta tecnologia, cada imóvel poderia ser acompanhado de um endereço e de um código postal corretamente formatados, o que facilitaria também a deteção de imóveis duplicados. Além disso, os utilizadores poderiam obter dados mais precisos sobre o local em que estão interessados.

Informações adicionais sobre a zona - O OXAlert pode ser configurado para fornecer mais informações sobre a zona em que o imóvel está localizado. Por exemplo, as bases de dados em linha podem ser pesquisadas automaticamente (com o endereço de um imóvel específico) e os pormenores sobre as taxas de criminalidade ou os preços anteriores dos imóveis na zona podem ser incluídos nas mensagens de correio eletrónico que os utilizadores recebem. Isto seria muito útil para as pessoas que pretendem investir uma quantia significativa de dinheiro numa propriedade, uma vez que obteriam mais informações sobre o estado da zona em que uma determinada casa está localizada.

Um sítio Web mais avançado - Mais funcionalidades no sítio Web ajudariam a tornar o OXAlert uma aplicação ainda melhor. Por exemplo, um plugin semelhante a um serviço de conversação, em que os utilizadores em linha pudessem interagir e partilhar as suas experiências com o produto e o mercado imobiliário em geral, ajudaria a criar uma comunidade de utilizadores que utilizariam o OXAlert para mais do que apenas informações sobre imóveis. Além disso, a possibilidade de apresentar ofertas vantajosas numa determinada página poderia ajudar os utilizadores a reconsiderar a sua estratégia de procura de habitação. Outra atualização poderia permitir aos utilizadores definir mais preferências: poderiam, por exemplo, procurar apenas imóveis com um espaço de garagem/estacionamento adequado ou imóveis situados a uma certa distância de um local turístico desejado.

Uma vez que o OXAlert foi desenvolvido e integrado no projeto DIADEM, oferece muitas vantagens únicas, nomeadamente em termos de escalabilidade. **Existem muitos outros projectos, alguns dos quais estão atualmente a ser desenvolvidos no âmbito do DIADEM, que poderiam ser integrados no OXAlert.**

Capacidades de extração alargadas - Há uma série de projectos destinados a melhorar a precisão e as capacidades de extração do OXPath. O "OXPath meets Javascript" visa facilitar a utilização do Javascript e de outras linguagens de programação semelhantes pelo programa de extração. Desta forma, os conteúdos podem ser extraídos da Web com maior rapidez e estabilidade, tornando possível encontrar conteúdos anteriormente inacessíveis. Além disso, as funções Javascrip podem ser chamadas para analisar os dados extraídos com mais pormenor e fornecer informações claras sobre os mesmos. Outro projeto que pode ser útil neste contexto é o "Fully-visual Data Extraction from Result Pages", uma vez que ajudaria os designers a criar facilmente invólucros de extração para qualquer sítio Web. A velocidade de extração de dados do programa beneficiaria muito com as melhorias introduzidas pelo projeto "OXLatin: web data extraction in the cloud with Pig and Hadoop". A capacidade de extrair dados em paralelo duplicaria ou quadruplicaria a taxa de extração, fornecendo aos utilizadores informações actualizadas sobre as suas propriedades.

Pesquisa de informações em imagens - O projeto "Mine4Nuggets: Pesquisa de objectos em imagens" visa desenvolver técnicas para extrair automaticamente dados de imagens. Dado que muitas ofertas de imóveis em linha contêm numerosas imagens, como uma planta ou um mapa de afinidade energética, estas informações poderiam ser extraídas automaticamente pelo OXAlert. Os dados recolhidos poderiam ser apresentados de forma clara para cada imóvel, permitindo ao utilizador escolher uma casa com elevada eficiência energética. Além disso, é possível calcular a dimensão real das divisões e a superfície útil total do imóvel.

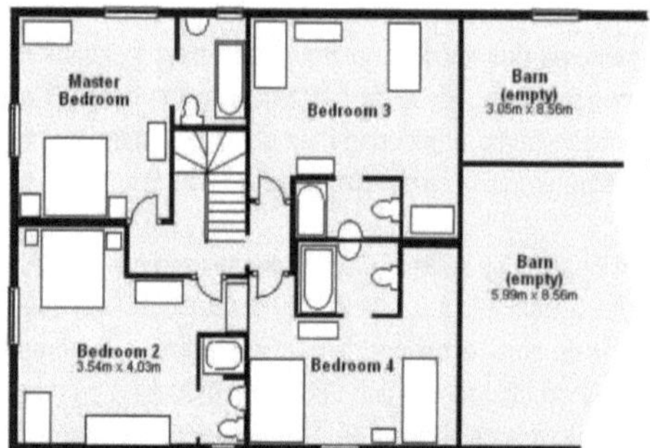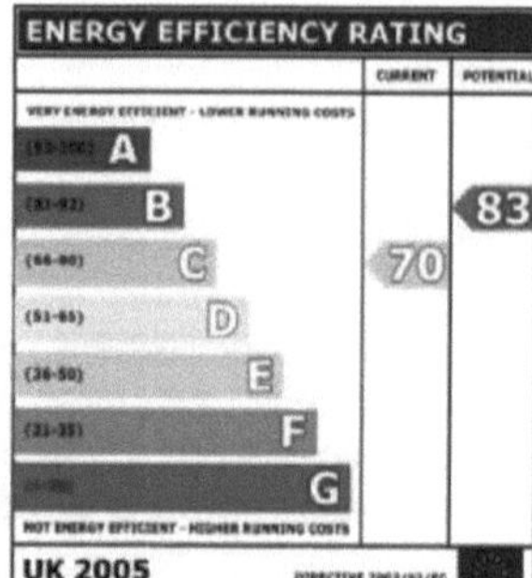

Figure 22: Example of property images which could be analyzed using Mine4Nuggets

***Previsão do mercado* -** O mercado imobiliário **é** altamente incerto, pelo que um vislumbre de possíveis flutuações num futuro próximo pode aumentar a confiança no investimento numa propriedade. É precisamente isso que o projeto "Home Price Prediction" pretende fazer, fornecendo previsões informativas e bem fundamentadas dos preços futuros dos imóveis numa determinada área. O OXAlert poderia ser atualizado para prever a evolução do preço de um imóvel, fornecendo informações úteis tanto para os inquilinos como para os proprietários.

Podemos ver que a conceção do projeto facilita a adição de muitas extensões úteis e a integração de futuras técnicas inovadoras sem dificuldade.

Para concluir, diria que um programa, por mais complexo, pertinente ou completo que possa parecer, terá sempre pelo menos um defeito, aquele que todos os programas têm: o utilizador.

yes

I want morebooks!

Buy your books fast and straightforward online - at one of world's fastest growing online book stores! Environmentally sound due to Print-on-Demand technologies.

Buy your books online at
www.morebooks.shop

Compre os seus livros mais rápido e diretamente na internet, em uma das livrarias on-line com o maior crescimento no mundo! Produção que protege o meio ambiente através das tecnologias de impressão sob demanda.

Compre os seus livros on-line em
www.morebooks.shop

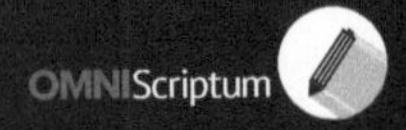

Printed by Books on Demand GmbH, Norderstedt / Germany